通勤大学 図解◆速習

新訳
学問のすすめ

福沢諭吉◆著
ハイブロー武蔵◆訳・解説

通勤大学文庫
STUDY WHILE COMMUTING
総合法令

まえがき

『学問のすすめ』を知らない日本人はほとんどいないであろう。特にその書き出しである、「天は人の上に人を造らず、人の下に人を造らず」は誰もが暗唱しているほど親しまれている。

ところが、その先に何が書かれているのかを問われると、「はて」ということになる人がほとんどではないだろうか。

恥ずかしながら、私もそうだった。何度かチャレンジしたものの、「うん。勉強しろということなんだな」とか「独立の精神が大切なんだな」ということぐらいしか残っていなかったのだ。

私はここ何年か、ベンジャミン・フランクリンとサミュエル・スマイルズの本を読んだり、一部翻訳したりして、現在の欧米社会がどのようにして形成されてきたのかを私なりにつかみ始めた。また、逆に孔子や孟子や孫子の教えなどの東洋思想にも関心が出てきた。

そうして再び『学問のすすめ』を読んだとき、その内容のすばらしさに感動してしまった。ここに、現代日本人の取り組まなくてはいけない問題点と、それを解決していく道がほとんど書かれているではないか。それがよくわかるようになったのだ。さらに一人ひとりが自分の持てるものをいかに伸ばし、力をつけ、社会において花開かせていくかも明確に示してくれているのである。

しかも、書かれている内容が今の日本人にとっても重要な指摘ばかりなのである。自分の人生をいかに有意義に送り、自分のやりたいことを実現していくか、そしてそれが社会や国家を進展させるという成功の道しるべの本が『学問のすすめ』である。何百万人、何千万人の日本人が読み継いできたのは、この本が有しているパワーの証《あかし》なのである。

しかし、岩波文庫などで読める『学問のすすめ』は、すばらしい日本文で、リズムもとても良いが、やはり現代の日本人には読みづらくて、理解も難しいところがある。また、現代語訳も何冊か出ていてそれぞれすばらしいが、省略されている部分もある。意訳も多い。解説ももう少し読んでみたいと思った。図解もあると便利だと考えた。

そこで、私自身でほぼ全文を現代語訳し、詳しい解説をつけさせてもらった。福沢諭吉の師である緒方洪庵は、訳は読者の便宜を考え、読みやすくしろと指導したという。私は現代の読者の便宜を考えて、わかりづらいところを中心に現代語訳し、極端な意訳は避けるように心がけたつもりである。できるだけ福沢諭吉の雰囲気を伝えたいからだ。

この本を読んで、ぜひとも『学問のすすめ』の真髄を自分のものにしていただきたいと願う。それが一人ひとりの人生を成功に導き、国を活性化させ、社会のよき発展につながっていくことになると信じている。

最後に本書を編集担当していただいた、高麗輝章氏にお礼申し上げる。

ハイブロー武蔵

目次

第一章　初編

（明治五年二月 出版）

―天は人の上に人を造らず―

1 天は人の上に人を造らず。人の下に人を造らず。

天は人の上に人を造らず、人の下に人を造らずと言われている。

天が人を生み出したとき、すべての人は皆、同じ地位・身分であって、生まれながらの貴賤や上下の差別もなかった。万物の霊長としての身体と心の働きをもって天地の間にあるすべての物を活かしていた。こうして人は衣食住を得ることができ、自由自在に、お互いに人の妨げをしないようにして、一人ひとりが安らかに、そして楽しく世の中を生きていけるように造られていた。ところが、今この人間世界を見渡すと、賢い人や愚かな人、貧しい人や豊かな人、身分の高い人や低い人などがあって、雲泥の差があるのはなぜなのか。

その理由は明らかである。

昔からの教訓の中に、「人学ばざれば智なし、智なき者は愚人なり（人は学ばなければ智恵が身につかない。智恵のない者は愚かな人間である）」というのがある。つまり、賢い人間と愚かな人間の違いは学ぶか学ばないかによるのだ。

世の中には難しい仕事もあり、やさしい仕事もある。難しい仕事をする人を地位の高い人と言い、やさしい仕事をする人を地位の低い人と言ったりもする。大体において、頭を使い、精神的な苦労をする仕事は難しくて、手足を使う肉体労働はやさしいと言われている。医者、学者、政府の役人、または大きな仕事を手がける実業家、多くの人を使う農場主などは身分が高くて偉い人で、裕福である。一般の者から見ると、とてもかなわないように思うけれど、その原因というのは一つしかない。それはただ、その人に学問の力があるかどうかで違ってきただけであり、天が定めた約束ではないのである。

諺に「天は富貴《ふうき》を人に与えずして、これをその人の働きに与うるものなり（天は人に生まれながらに地位や富を与えることはなく、その働きに応じて与えるものだ）」というのがある。このように、人は生まれながらにして貴賤や貧富の差はない。ただ学問に身を入れて物事をよく知る者は偉くて裕福になり、学ばない者は貧しく地位も低い者となるのである。

学問とは、ただ難しい字を知り、理解できない古典を読み、和歌を楽しみ、詩を作るなどの世の中に役立たないようなものを言うのではない。

これらも人の心を悦《よろこ》ばせて、ずいぶん良いようにも見えるが、昔から儒学者や古典の学者が言ってきたほどには大したことはない。漢学者で生活が豊かな者は少なく、和歌がよくできるといって商売に成功した者も少ない。心ある町人や百姓は、子供が学問に精を出すのを見ると、やがて家の財産を喰いつぶすのではないかと親心に心配したりする。

無理もないことだ。なぜなら、こうした学問は実社会から遠く離れていて、日常生活にも役立たないからである。したがって、実社会に役立たない学問は後回しにして、私たちが今、心して学ぶべきものは実用に使える学問である。例えば、いろは四十七文字を習い、手紙の書き方、帳簿のつけ方、そろばん、秤《はかり》の扱い方などである。

また、さらに進んで学ぶべきことはとても多い。地理学とは、日本国中はもちろん世界各国の様子を知る学問である。物理学とは、自然界のすべての物の性質を見てその働きを知る学問である。歴史学とは、歴史年表をさらに詳しく学び、日本および世界各国の時代の流れを研究する学問である。経済学とは、個々の家計から国家の財政までを説く学問である。修身学(倫理、道徳)とは、自分の行動をどうコントロールし、いかにして他人とつき合い、世の中を生きていくかの、あるべきルールを学ぶものである。

これらの学問を身につけていくには、いずれも西洋の翻訳書を読まなくてはいけない。大抵のことは日本語に訳された本でよいと思うが、若くて有能な人であれば原書も読んだ方がいいだろう。どの分野の学習も、まず事実をおさえ、次にその事実についてよく観察し、そして物事の道理を追求して社会に役立つようにしたいものだ。これらは、人として当然に学ぶべきものとも言える実学であり、人の貴賤や地位に関係なくだれもが身につけるべきものである。

この、実社会に役立つ学問が身について、初めて一人ひとりが自分の役割を果たせるようになる。自分の仕事もできるようになるのだ。こうして個人が独立でき、家も独立でき、ひいては国家が独立できるのである。

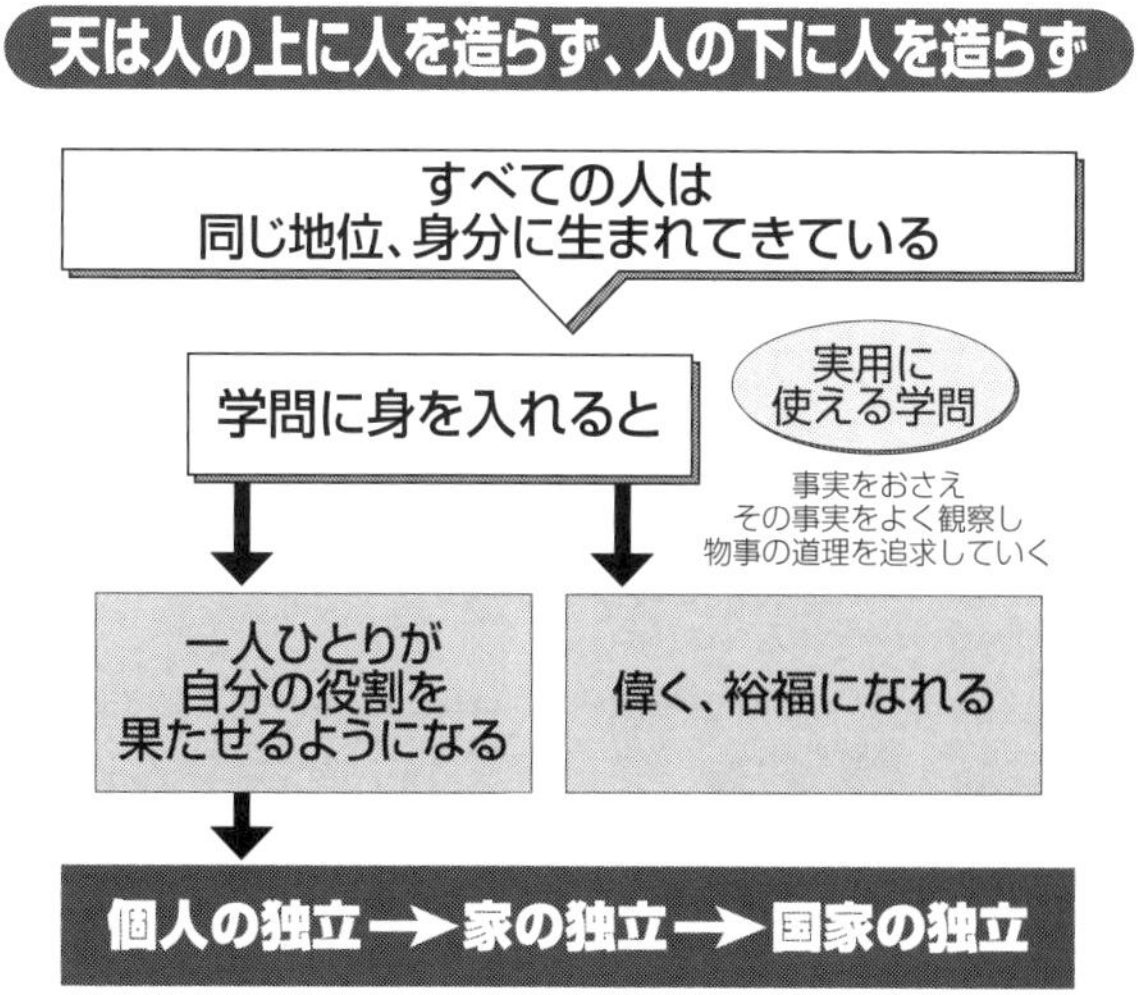
天は人の上に人を造らず、人の下に人を造らず
すべての人は
同じ地位、身分に生まれてきている
学問に身を入れると
実用に
使える学問
事実をおさえ
その事実をよく観察し
物事の道理を追求していく
一人ひとりが
自分の役割を
果たせるようになる
偉く、裕福になれる
個人の独立→家の独立→国家の独立

2　学問を身につけることは、自分と国の独立と成功につながる。

学問をするには自分の分限（地位、能力、やってもよい限界）を知ることが大切である。人は生まれついては何ものにも繋《つな》がれておらず、縛《しば》られてもいない。男も女もそれぞれ一人前の人間として自由自在に生きている。人はこのように自由自在ではあるが、自由、自由とばかり言って分限を知らないでいたら、わがまま放蕩《ほうとう》の人間となってしまうだろう。自分の分限とは、天の道理にもとづき、人の情を大切にし、他人の妨げをしないで、自分自身の自由を守ることである。

自由とわがままの違いは、他人を妨げるかどうかにある。自分のお金を使うのだから、たとえ酒や女遊びに溺れて放蕩のかぎりを尽くしてもかまわないと言うかもしれない。しかしそれは違う。一人の放蕩は他人の手本となり、ついには社会の風紀を乱し、人の教えをも妨げるものとなる。したがって使うお金はその人のものであっても、その結果社会に与える罪は許されないのである。

また、自由独立の問題は人の一身にかかわるだけでなく、一国の問題でもある。日本はアジアの東の端にある小さな島国である。昔より外国と交わりを結ばないで自国内のものだけで衣食を満たして、不足とも思わないで生きてきた。嘉永年間にアメリカ人がやってきて以来、外国との貿易が始まり、今日のようになった。その後もいろいろと議論が多く、鎖国だとか攘夷だとかうるさく言う者もあった。しかしその見識はとても狭く、まさに「井の中の蛙《かわず》」であって、取るに足らない人たちの議論であった。

日本も西洋の国々も同じ天地の間にあり、同じ太陽に照らされ、同じ月を眺め、海を共有し、空気を共有し、人としての情も同じ人間である。自国で余ったものは他国に輸出し、他国で余ったものは自国に輸入する。お互いに教え合い、学び合い、恥じることも威張ることもする必要はない。お互いに便利を与え合い、お互いに幸福を祈り合い、天の理、人の道に従ってお互いの交流をすすめるべきであろう。

向こうに正しい道理があるならば、たとえアフリカの未だ発展していない国の人たちであろうともきちんと詫び、こちらに正しい道理があれば、たとえイギリスやアメリカの軍艦であっても恐れてはいけない。国が恥辱を受けたときは、日本国中の国民一人残らず命を捨てて、国の威光を守り抜かなくてはならない。こうして一国の自由と独立が守られるのである。

清の中国人のように自分の国より他に国はないと考え、外国人を見れば夷狄《いてき》と言いつつ獣《けもの》と同じようにこれを低く見て嫌い、自分の国の力も知らずしてみだりに外国人を追い払おうとして、逆に外国人に痛めつけられることになってしまってはいけない。

これこそ自分の国の分限を知らないのだ。一人の人間としてたとえるなら、生まれながらの自由の意味を理解できていない、わがまま放蕩に陥った者と言えよう。

王政復古以来、わが日本の政治のあり方は大きく変わった。外国とは国際法のルールに従ってつき合い、国内は、国民に自由・独立の方針を示している。そして一般国民にも苗字、そして乗馬を認めたことは、日本の歴史始まって以来のすばらしいできごとである。士農工商の差別もなくし、国民が平等となる基礎がこれで定まったと言える。

これからは、日本国民はすべて、生まれながらに身分が決まっているなどということはなくなり、その人の才能と徳と活躍の場所によって地位が決まるのである。たとえば政府の役人をいいかげんに扱わないのは当たり前のことだが、役人の身分が高いということで大事にするのでなく、その人が才能と人徳をもってその役職を勤めることで国民のために国法を執行できていることから貴ぶのである。役人が貴いのではなく、国法が貴いのである。

旧幕府の時代、東海道で宇治の新茶を運ぶ「お茶壺道中《ちゃつぼどうちゅう》」というのがあり、人はみな、このことを知っていた。御用の鷹は人よりも貴く、御用の馬には往来の旅人も道を避けるなど、「御用」の二文字をつければ石でも瓦でも恐ろしく貴いもののように見えた。世の中の人たちも大昔からこれを嫌なことだと思いながらも、このしきたりに慣れ、見苦しい風俗をつづけてきた。これらのしきたりは法が貴いというわけでもなく、品物が貴いわけでもなかった。ただ、政府（徳川幕府）の威光を見せつけるために人々を脅して、人の自由を妨げるという卑怯なやり方であって、中味は何もない、からいばりなのであった。

今日に至っては、もはや日本国内にこのようなあさましい制度や風俗はなくなっているはずである。だから人々は安心して、政府に問題があると思えば、これを黙っていてただ御上《おかみ》を恨むのではなく、正しい手順を踏んだうえで冷静にこれを訴え、遠慮なく議論すべきである。天の理、人の情にかなうことであれば、一命をも投げうって争うべきだ。これが一国民としての分限というものなのである。

前に述べたように、人の一身も一国も、天の道理にもとづいて自由・独立としたものであるが、もしこれを妨げようとする者があるならば、世界すべての国を敵としても恐れることはない。もし個人の自由を妨げようとする者があれば、政府の役人であろうと恐れることは何もない。まして今では、国民はみな平等という基本が立てられているのだから、安心して、ただ天の理に従って思う存分に進めばよい。

とは言うものの、人にはそれぞれの立場というものがある。それに応じての才能と徳が求められる。この才能と徳を身につけるためには、物事の道理を知らなくてはいけない。物事の道理を知るためには文字や言葉を学ばなくてはいけない。

これが学問を急いで身につけなければいけない理由なのである。

今では四民平等となったため、士族以外の者はこれまでの百倍も努力し、やがて士族と肩を並べるほどの勢いとなっている。士族以外の者も実力によって政府に登用される道が開けている。したがって、自分もこのような立場にあることをよく知り、自分を大事に扱い、卑劣な生き方をしてはいけないのである。

およそ、世の中において無知無学の国民ほど哀れで、憎むべきものはない。智恵のないことの極致は恥を知らないことである。自分の無知がために困窮の身となり、生活が困難となっているのに、近くの裕福な者を怨み、ひどい時には集団を組んで襲ったりもする。恥を知らない者たちと言うしかない。法を恐れない者と言うしかない。国の法で自分の身や家を守ってもらいながら、自分の私欲のためにこれを破ってしまう。何とおかしなことだろうか。

他方で、たまたま暮らしはしっかりしていて財産もあるのに、お金を貯めるのに懸命で子供の教育を忘れている者もある。こうして学問をしなかった子供たちであるから、その愚かなることも当たり前と言えよう。ついには怠けて放蕩しつづけ、先祖からの財産をなくしてしまう者も少なくない。このような愚かな民を支配するには、とても道理をもって教え導くこともできないため、ただ威力をもって脅すしかなくなる。

西洋の諺にある「愚民の上に苛《から》き政府あり（愚かな国民の上には残酷な政府ができる）」というのはこれである。これは始めから政府が残酷というのではなく、愚かな国民が招いた残酷な政府なのである。愚かな国民の上に残酷な政府があるというのであれば、良き国民の上には良き政府があるとも言うことができよう。だから今、私たち日本国においては、この国民があるから、この政治があると言えるのだ。仮に国民の徳義がこれから衰えていき、無知・無学の国民に落ちていくならば、政府の法も今より一段と厳しくなるにちがいない。もし国民が皆学問に志して物事の道理を知り、文明の方向を押し進めるならば、政府の法もまた寛大となっていくだろう。法が厳しいか寛大かは、国民の徳と知性に合わせて決まっていくものなのである。

誰が暴政を好み良政を嫌うであろうか。誰が自国の発展を望まないであろうか。誰が外国から侮辱されるのを喜ぶであろうか。そんなことはないはずだ。これが人間としての当然の心情なのである。

今の世に生まれ、国のために役立ちたいとの心を持っている者は、日本の国についてわが身を苦しめ、思いを焦がすほどに心配しなくてもいいだろう。大切なことは、この立派な心がけを持ったうえでまず自分の行いを正しくして、しっかりと学問を志し、広く物事を知り、自分にふさわしい智恵と徳を身につけることである。そして、政府はその施策を行う時、わかりやすく国民に知らせ、国民が苦しむことがないようにしなければならない。

　こうして、国民と政府はお互いに国の平和を守ること一つに目標を置かなくてはならない。

　私がすすめる学問も、この一点を目指しているものである。

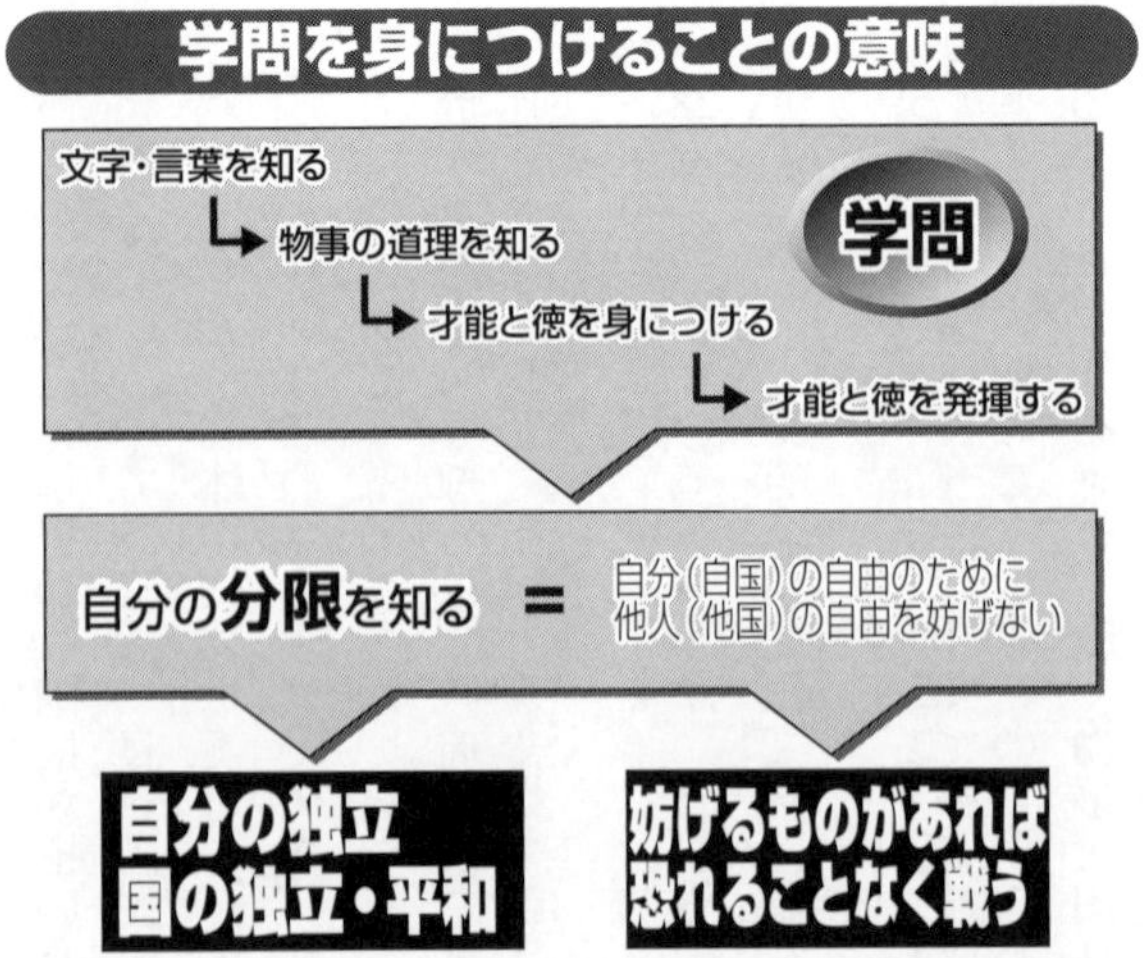
学問を身につけることの意味
文字・言葉を知る
物事の道理を知る
才能と徳を身につける
才能と徳を発揮する
学問
自分の分限を知る
=
自分（自国）の自由のために
他人（他国）の自由を妨げない
自分の独立
国の独立・平和
妨げるものがあれば
恐れることなく戦う

『学問のすすめ』の初編は一八七二年（明治五年）二月に出版された。もともとは福沢諭吉の故郷、九州大分の中津市学校の学生に向けて書かれた小冊子であったという。

しかし、この小冊子はただちに評判を呼び、売れに売れたという。福沢諭吉自身が一八八〇年（明治十三年）に書いた序文には、全編合計で七〇万冊、初編は二〇万冊を下らない、とある。その後もこの『学問のすすめ』は日本人に読み継がれ、ある人は合計四〇〇万部は売れたと言っている。この初編が爆発的に売れたため、続編を求める声に応えるように二編、三編と続き、一八七六年（明治九年）十一月に十七編まで書かれた。

このように、日本人の中で知らない人はいないというほどの『学問のすすめ』であるが、初編の書き出しは特に有名である。『学問のすすめ』というと「天は人の上に人を造らず、人の下に人を造らず」を連想する人がほとんどといってもいいだろう。

しかし、『学問のすすめ』の素晴らしさはその先にもたくさん詰まっている。

この初編の説くところは今の世の中、現在の世界にも重要なことである。社会に役立つ学問をどれだけの人がやっているか。正しく文字を知り、言葉を学び、本を読み、人に学び、人間社会のことを学んでいるか。これが個人と国家の行く方を左右しているのである。

Column

福沢諭吉という人

福沢諭吉は1834年（天保5年）、大阪にあった中津藩蔵屋敷に生まれた。この世を去ったのが1901年（明治34年）で68歳の時である。

つまり、人生のちょうど半分を幕末に生き、半分を明治時代に生きたということになる。

諭吉の父百助は、諭吉が3歳の時に他界した。父百助は大阪蔵屋敷に勤務する真面目一本の役人であったが、身分として最下級に近く、貧しかった。他方では学者として名を知られ、本人は学問の道で生きたかったという。

諭吉の名は、父百助が欲しかった中国の書物『上諭条例』全巻を手に入れた時に生まれたことから「諭吉」としたと言われている。

「学問のすすめ」の各編で孔子や後の儒学者たちをこんてんぱんに批判する諭吉だが、父への思いは人一倍であった。有名な「門閥制度は親のかたき」とまで言った諭吉なのである。

子どもの頃は時代への反発もあってか勉強に身が入らなかった諭吉だが、世の中が動き始めると学びに学んだ。

21歳で長崎に行き蘭学を学び始め、22歳のとき大阪の緒方洪庵の適塾に入り、24歳で塾頭となる。25歳で江戸に出て、蘭学を教え始める。

しかし、26歳のとき英語と出会い、ただちに学問の方向を変えた。

第二章　二編（明治六年十一月出版）

―人生と社会に役立つ学問に励め―

1　人として世の中を生きていくための心得を学ぶ。

学問という言葉は意味が広い。目に見えないもの（無形）を対象とする学問もあるし、目に見えるもの（有形）を対象とする学問もある。

心学（心を修める学問）、神学（宗教に関する学問）、理学（人間の存在について考察する学問）などは目に見えない無形の学問である。これに対して天文、地理、窮理（物理学）、化学などは有形の学問である。しかしいずれにしろ、これらの学問は知識や見聞を広くして、物事の道理をよく理解し、人間として世の中に役立っていくことをよく知るためにある。

知識や見聞を広げるためには人の話をよく聞き、自分でよく考察し、そして本を読むようにしなくてはいけない。したがって、学問をするためには文字を知ることが必要となるが、昔の人が思っていたように単に文字を読むことだけで学問をしているということにはならない。

文字というのは学問をするための道具である。例えば家を建てるのにトンカチやのこぎりが道具としてあるのと同じである。トンカチやのこぎりは家を建てるのに必要な道具だが、その道具の名を知るだけで家を建てられない者は大工と呼ぶことはできないであろう。同じように、文字を読むことだけができても、物事の道理をよく理解できない者は、学問をしていると言うことはできない。いわゆる「論語読みの論語知らず」とはこのことである。

わが国の古典である古事記を暗唱できても、今日の米の相場を知らない者は、社会の常識を知らない者と言わなくてはならない。中国古典の史記や論語、易経などの奥義をわかったとしても、商売の方法を心得て正しく取引をすることもできない者は、実社会に生きる学問ができない者と言うしかない。数年間の苦労を重ね、多額の学費を投資して西洋の学問を身につけても、自分の生活さえ維持できない者は、今を生きていくための学問ができない者と言うしかない。ただ文字の問屋と言うしかないだろう。それは単に、飯を食う字引であって、国のためには無用の長物、国の経済においては害を及ぼすだけのただ飯ぐらいと言うべきである。

このように、日々の生活も学問であり、帳簿も学問であり、時勢を見るのも学問なのである。必ずしも和漢洋の書を読むことだけが学問というわけではないのだ。

この本の表題は「学問のすすめ」と名づけたけれども、決して文字を読むことだけをすすめているのではない。この本で述べていることは、人として世の中を生きていくための心得となるべきものを取り上げて、学問の本当の趣旨・目的というものを示したものである。

学問の意味

学問

有形のもの　天文・地理・窮理（物理学）・化学など

無形のもの　心学（修身）・神学（宗教）・理学（哲学）など

知識・見聞を広くする
物事の道理をよく理解する
世の中の役に立つことを知る

勉強の仕方

◎

①人の話をよく聞く
②考察する
③本を読む

世の中の役に立つ人間になるためにする

↕

×

文字を読むだけ

文字の問屋

Column

論語読みの論語知らず

福沢諭吉が『学問のすすめ』の中で説いているのは“実学のすすめ”である。すなわち、自分の人生や社会のために役立つための学問であり、学問のための学問を拒否しているのだ。

「論語読みの論語知らず」とは、論語を読んで何かといえば「孔子はこう言っている……」などと述べる者がいるが、自分はその通りの生き方がまったくできていない者を指している。

これは論語のみならず、すべての学問に共通することであって、学んだことを現実にまったく活かすことのできない者は「論語読みの論語知らず」である。

福沢諭吉は『学問のすすめ』の中で、いくつも論語の教えを引用し、厳しく批判を展開している。特に前半はそうである。最後の方になると、孔子の意味するところを誤解してしまっている者が多いとして、ニュアンスが違ってきている。もともと論語もよく学び、身につけていることがうかがえる。

諭吉の父も兄も優秀な儒学者であったし、諭吉も誰にも負けないくらいの知識はあったのである。

しかし西洋の学問を深く、広く学び取り、実際に見てきた諭吉は、日本人の儒学偏重を正したいという思いがあったのであろう。その使い場所を間違えると、とんでもないことになると考えたのである。だから論語自体を批判しているというより、それを都合のいいように利用してきた者たちを批判しているのである。

逆に論語の活かし方もよく知っていたと言える。

2 国の政治は、国民の学問によって良し悪しが決まる。

初編のはじめに、人はすべて皆平等であって、生まれながらの上下の区別もなく、自由に生きていくことができると述べた。このことをさらに詳しく述べてみたい。

人が生まれるということは天の力であって、人間の力によるのではない。こうして生まれてきた人が、お互いに相手を敬い、そして愛することでその使命を果たしていくのは、同じ人類の一員としてともに天の下に生き、天から生を授けられていることから当然のことである。家の中においても、兄弟がお互いにとても仲良くするのは同じく家族の一員であるし、同じ父と母のもとに生まれてきたという絆の強さがあるからである。こうして見ると、それぞれの人の価値は皆平等であるのがわかる。ただし、この平等というのは実際の生活状況が同等というのではなくて、人として生まれもった権利が平等ということなのである。

それぞれの人の実際の人生を見ると貧富、身体の強弱、智恵があったり愚かであったりなどの差があることは事実である。大名や貴族の家に生まれて立派な御殿に住み、美しい服を着て、ぜいたくな食事をとる者もある。あるいは人足として働き、裏通りの長屋に借家して暮らし、その日の着る物や食べる物に困る者もある。あるいは才能を大いに生かして役人や商人となって天下を動かす者もある。あるいは智恵もなく、機転もきかずにみじめな思いをしながら商売を続けている者もある。あるいは強い相撲取りもいれば、弱いお姫様もいる。

しかし、これらの人たちの生まれ持った人としての権利はまったく同じであって、一厘一毛の差もないのだ。すなわち、その人として生まれ持った権利とは生命を尊重し、私有の財産を守り、人格と名誉を大切にされるということである。天が人をこの世に生ぜしめたときから、これに肉体と精神の働きを与えて、一人ひとりにこの権利を持たしめたのである。だからどんな人も、どんな理由があろうとも、この権利を侵すことはできないのである。大名の命も人足の命も重さに変わりはない。豪商百万両のお金も極零細の商人のお金も、私有の財産として守りたい気持ちは同じである。

昔の良くないと思われる諺として「泣く子と地頭にはかなわない」や「親と主人は無理を言うものだ」などがある。人の生活状況と人としての権利を混同してしまっているのだ。

地頭と百姓は生活の状況は違うかもしれないが、人としての権利は同じものを持っている。百姓の身に痛いことは地頭の身にも痛く、地頭の口に甘いものは百姓の口にも甘いのである。痛いことを遠ざけ、甘いものを近づけるのは人の自然の気持ちであり欲である。他人の権利を妨げずに自分の欲しいものを手に入れるのは、人として認められた権利である。この権利は地頭も百姓もまったく差があるわけではない。

たしかに地頭には富があるし、力もあるのに対し、百姓は貧しいし、力は持っていない。

しかし、このように貧富や力の強弱があるからといって富と権力を使い、貧しくて弱い者に無理な要求を通そうというのは、まさに他人の権利を侵害することに他ならない。これをたとえれば、相撲の力士が自分は腕力があるからといって、その力でもって隣にいる人の腕を折ってしまうことと同じである。隣の人の力はもとより力士よりも弱いが、弱いなりの力でもってその腕を使い、自分の生活を不都合なく送っているのに、いわれもなく力士に腕を折られてはたまらないではないか。

この議論を社会に当てはめてみよう。

旧幕府時代においては身分の差がはなはだしくて、武士はいたずらに権威を振り回した。百姓町人をまるで目の前の犯罪人のように扱い、切り捨て御免などという馬鹿げた制度もあった。これは、武士以外の者の生命は自分のものではなくて、まるで武士からの借りものであるかのような制度と言える。百姓町人は何の関係も持つものではない武士に平身低頭し、外に出れば道を譲り、屋内であれば席を譲った。さらに信じられないことに、自分の家で飼っている馬にも乗ることができなかったのである。まったくひどい制度であった。

以上は、武士と百姓町人との個人としての差別であったが、全体としての政府と国民の関係として見てみると、さらに許せないことがあった。幕府はもちろんのこと、三百諸侯の大名たちもそれぞれの領地に自由に自分たちの政府をつくり、百姓町人を自由勝手に支配した。時に慈悲のあるような政策を行ったこともあったが、ほとんどは人びとに権利を認めないもので、見るに耐えないものであった。

そもそも政府と国民の関係というのは、前にも述べたように、生活の実態に差があったとしても、生まれながらの権利に差別があるわけではないのだ。

百姓は米を作って人を養い、町人は物を売買したりして世の中の便利をはかるのが仕事である。これに対し政府というのは、法令を定めて悪人を取り締まり、善良な人々を保護するのが仕事である。この政府の仕事をするには莫大な費用がかかるが、政府自体には米もないしお金もないから、百姓町人から税を支払ってもらい、政府の費用を賄うことをお互いが合意しているのである。これは政府と国民との約束である。

こうして百姓町人は税金を支払い固く国法を守ることになるが、これがその義務を果たすということである。政府は税金を受け取ってそれを正しく使うことで国民を保護するが、これが政府の義務である。双方がこうした義務を果たせば、その上に何の問題も生ずるものではなく、相手を妨げることもないのである。

しかしながら、旧幕府の時代においては政府のことを御上《おかみ》と恐れ、御上の御用となれば、馬鹿な連中でも威張り散らした。道中の宿でもただで食い倒し、川の渡し場でもお金を払わず、人足にも代金を支払わなかった。ひどいときには、逆に人足をゆすって酒代を取り上げることもあった。あきれて物も言えない。時には殿様の物好きから始まって新しい建物などを作ったり、役人のくだらない思いつきで余計な仕事を作り、そのために費用不足となって取り立てる税を増やしたりした。いろんな言葉で理屈を勝手に作って押しつけておいて、「御国恩に報いる」などと言わした。

そもそも御国恩とは何であろう。百姓町人が安心して仕事に打ち込めるようにし、盗みや人殺しなどの心配をせずに生活できることを政府の御恩と言っているのだろう。法を定めて国民を保護するのは、もともと政府の仕事であって、当然の義務である。これは御恩というものではない。これを御恩と言うのであれば、百姓町人が政府に払う税も御恩というべきである。

国民のためにする事務や訴訟処理などを「御上のご厄介」と言うのなら、十俵作った米の中から五俵の税を取られるのは百姓にとっては「大いなるご厄介」と言うべきではないだろうか。これは、いわゆる売り言葉に買い言葉かもしれないが、とにかく一方だけがお礼を述べて、一方がお礼を述べないというのは理屈に合わないことである。

なぜこのような悪い風習が起こったのだろうか。それは、そもそも人間が平等であることを理解せずに、貧富や力のあるなしの状況をそのまま悪く利用してしまい、政府が権力をもって貧しくて弱い人たちの権利を妨げてしまったからなのだ。
人は、いつも皆平等であるということを決して忘れてはならないのである。これは世の中で最も大切なことと言ってよい。

以上は百姓町人に味方して、しっかりと権利を主張すべしとの議論であったが、別の観点からも論じることができる。それは、およそ人を扱うときに、その相手によって法の適用の仕方も考えなくてはいけないということである。

国民と政府の関係はもともと同じであるが、その役割を分担することにし、政府は国民の代理となって法を施行し、国民は法を守ることをお互いに約束したものである。例えば今、日本国中において明治の年号を使うのは、今の政府の法に従うという契約を結んでいるためである。

したがって、ひとたび国法として定まっていることは、たとえ自分個人にとって不都合だと思ったとしても法が改正されないかぎり勝手に変えることはできない。人びとはよく注意しつつ法を守るべきである。これが国民の義務である。しかしながら、無学で文字も知らず、善悪もわからず、身につけている芸といえば飲み食いと、寝ることと起きることだけという者もいる。このように無学のくせに欲は深く、目の前の人を騙し、法をうまく逃れ、国法の存在意義も知らず、自分の義務さえ知らないうえに、子供ばかり産んで、しかし、その子供に教育する道さえ知らない。これは恥も法も知らない馬鹿者であって、こうした者の子たちが大きくなれば国のために役立たずに、かえって害をなすようになるかもしれない。

このような馬鹿者を取り扱うには、とても道理を説いていてもわからせることはできないだろう。不本意ながらも力をもって脅し、その時その時の犯罪や悪行を抑えるしか方法がなくなる。こうしたことが世に圧政、暴政を生むのである。わが国の旧幕府のみならずアジア諸国においても、昔は皆同様であった。こうしてみると、国の暴政というのは必ずしも暴君や非道の官吏のせいではないと言える。その実態は、国民の無知が自ら招いた災いでもあるのだ。

他人にけしかけられて暗殺を企てる者、新しく制定された法を理解できないとして暴れ回る者、集団で金持ちの家を壊して酒を飲んだり、金を盗んだりする者などいる。とても人間のやることとは思えない。このような悪党たちを扱うには、釈迦も孔子も名案は出せないにちがいない。必ず厳しくて無慈悲な政治が行われるようになるだろう。

しかし、人びとはそのような暴政は望んでいないはずである。だから今こそ、すぐに学問に志し、自らの才能と徳を高め、政府とお互い対等の地位を持たなくてはならないのである。

これが私のすすめる学問の目的なのだ。

人はみな同等

平等の本当の意味

× 見た目や実際の生活が平等
貧富・力(権力)

◎ 人としての権利の享受が平等
生命・私有財産・人格と名誉

平等の意味をよく理解しないと……

弱い者が権利を妨げられてしまう

学問と政治の関係

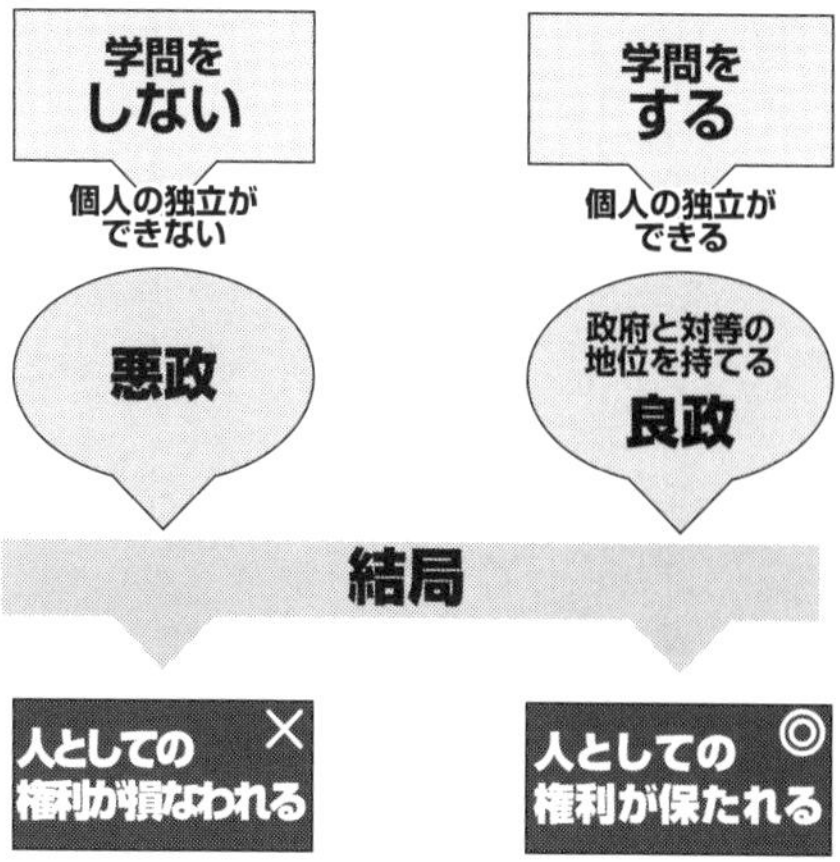

学問を しない
個人の独立が できない
悪政
学問を する
個人の独立が できる
政府と対等の 地位を持てる
良政
結局
人としての 権利が損なわれる ×
人としての 権利が保たれる ◎

解説

国のレベルは国民のレベルである。

明治になって日本は、門戸を世界に開き新しい時代を迎えた。「これからどう生きていくのか」を導いてくれた本が『学問のすすめ』であった。当時の日本人にとって、もう一つの優れた必読書があった。それがサミュエル・スマイルズの『自助論』である。

『学問のすすめ』を読み進んでいくと、福沢諭吉がいかに多くの本を読み、驚くべき読解力、洞察力、思考力でその内容を自分のものにしているかがよくわかる。しかも、それを新しい日本語で日本の社会に役立つように示してくれているのである。その中でもよく学んだ本の一つが、スマイルズの『自助論』ではないかと私は推測している。『自助論』は日本では一八七一年(明治四年)に、イギリス留学から帰国した幕府の学問所の教授、中村正直が『西國立志編』という名で翻訳出版した。これも『学問のすすめ』にならぶベストセラーとなった。

『自助論』の書き出しはこう始まる(ハイブロー武蔵訳)。

「『天は自ら助くる者を助く』という格言は、人類の多くの試練を経て生み出された。この短い言葉には、数限りない人々の経験から導き出された、人生で成功するための法則が示されている。

自ら助くという、自助の精神は、人間が真に成長していくための根本となるものである。また、この自助の精神が、国民一人ひとりの人生の中に多く見出されるかどうかが、その国が活力のある力強い国となれるかどうかを決めるのだ。

出だしの格調高さは『学問のすすめ』に通じるものがある。

福沢諭吉が『学問のすすめ 二編』で述べている点についてもスマイルズはこう語る。

「政治というものは、国民そのものの反映にすぎないと言うことができる。すなわち、どんなに政治がよく行われているように見えてたとしても、国民のレベルがそうでなければ政治のレベルもすぐにそのレベルまで下がってくる。つまり、国民全体の質がその国の政治や法律を決定していくようになる。これは水が高いところから低いところへ流れるように当たり前のことなのだ。

国民がしっかりしていれば、政治もしっかりしていく。国民が無知で堕落していれば、政治もひどいものになる。結局、国家の評価も国家の力も、その国の制度によるのではなく、その国の国民のレベルで決まることなのだ」

だから福沢諭吉の言う『学問のすすめ』となるのだ。

Column

平等の意味

福沢諭吉の展開する平等論は明快であるうえに、指摘している内容は現代でも重要なものであると言うべきだ。『学問のすすめ』が出版された明治の初めにこれを読んだ人たちは、相当驚いたにちがいない。

基本にあるのは天賦人権論であろう。

アメリカの独立宣言や、フランス革命などを契機に広まった西洋の人権思想が読みとれる

自由や平等の権利というのは、人が生まれながらに持っていて、それをもとに自分の人生を幸福に生きることが保障されているのだ。

これは国家や法が与えたのではなく、天あるいは神が与えたものであって、何人も奪うことはできないというものである。これは現在の日本国憲法にも引き継がれている基本的考え方である。

しかし、この自由・平等にも限界がある。

それは他人の権利を妨げてはならないし、平等もチャンスの平等であって、実態面、結果面の平等までを含んでいない。そして、国民にも国家にも、それぞれ与えられた義務があって、義務の遂行がなされて自由も享受できるのである。

平等の意味は、いつの時代も争われてきたが、『学問のすすめ』に主張されている考えが今、最も支持されているものと言ってよいのではないだろうか。

第三章　三編

（明治六年十二月 出版）

―気概そして独立の精神を持て―

1　どんなに豊かで強い外国も恐れる必要はない。

およそ人であれば、富める者も貧しい者も、強い者も弱い者も、国民も政府も、その権利においてはまったく同じである。このことは第二編ですでに述べた。ここでは国と国との関係を論じることにしたい。

国とは人の集まったものであり、日本国は日本人の集まったものであり、イギリスはイギリス人の集まったものである。日本人もイギリス人も等しく天地の間に生まれた人間であるから、互いにその権利を妨げることはできない。

一人の人間が他の人間に向かって害を加えることができないということは、二人になっても他の二人に向かって害を加えることもできないということである。これは百万人になっても一千万人になっても理屈は同じであって、物事の道理は人数が多いか少ないかで変わるものではない。

今、世界を見渡してみると、文明が発展していて学問も軍事も充実して豊かで強い国もあれば、いまだ文明の発展が遅れていて貧しく弱い国もある。一般的にはヨーロッパ、アメリカの諸国は豊かで強く、アジア・アフリカの諸国は貧しくて弱い。しかしこれは現在の状況であって、もとから決まっていることではない。

仮に自国が豊かで強いからといって、貧しくて弱い国に無理なことを強いることがあるとするならば、それは相撲の力士がその腕力をもって病人の腕を折ってしまうことと同じである。これは国家の権利を侵害するものであって、許されることではない。

わが国においても、今は西洋諸国のように豊かで強い国とは言えないが、国家の権利としてはそれらの国とまったく同等である。もし強い国が道理に反してわが国をひどい目にあわせようとするならば、世界中を敵にしたとしても恐れることはない。

前にも述べたように、日本国中の人間が一人も残らず命を捨ててでも国の名誉を守り抜かなくてはいけないのだ。

しかしそればかりでなく、貧富強弱の状況というのは天が初めから決めたことではなく、人が勤勉であるのか勤勉でないのかによって移り変わるものであることを忘れてはいけない。今日の愚か者も明日は智恵あふれる者になることもあるし、過去に豊かで強かった者も現在は貧しくて弱い者になるかもしれないのだ。世界の歴史を見るとそういう例は少なくない。

私たち日本人も、今より学問に志し、気力を充実させて、まず個人の独立を目指すべきである。こうして初めて一国の豊かさや強さも可能となるのである。

どうして西洋人の力を恐れる必要があろう。道理が通っていれば外交をすすめ、道理が通っていないことを求めるのであれば堂々と拒否すべきである。

個人が独立して一国の独立があるというのは、こういうことである。

国と国の関係

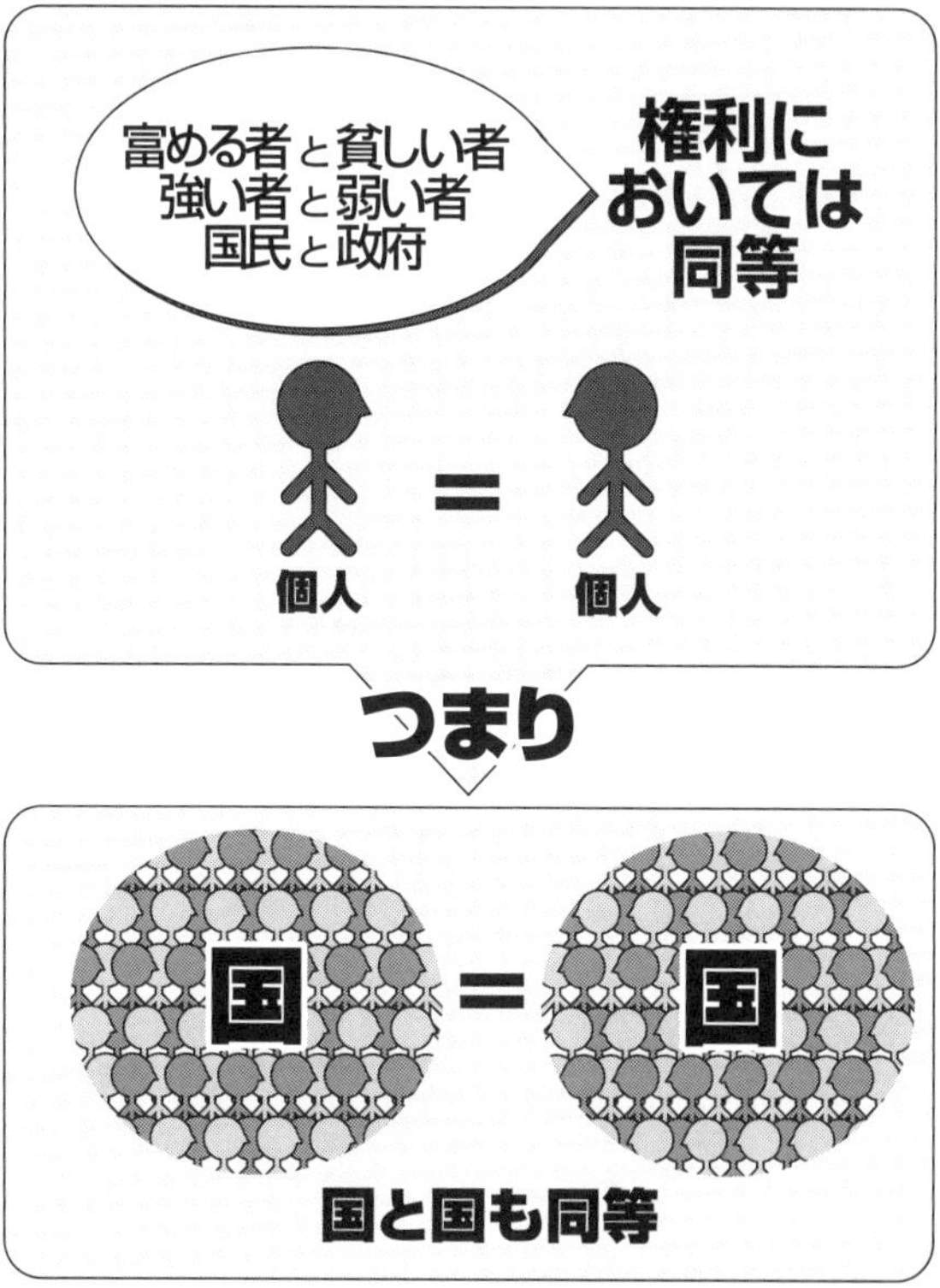

道理にかなっているなら何も恐れることはない

2　個人の独立なくして真の国家の独立はない。

前述のように、国と国は対等であるが、その国の国民に独立の気力がないときは、独立した国としての権利を世界に主張することもできなくなる。

その理由は次の三カ条でわかる。

第一条　独立の気力がない者が真剣に国のことを思うことはできない。

独立とは、自分で自分のことを処理し、他人にすがる心がないことを言う。自分の考えで物事の良い悪いがわかり、自分の行動を間違わないようにすることができる者は、他人の考えにとらわれない独立した者である。自分の心身を動かして働き、自分で生計を立てている者は、他人の援助が必要でなく、独立した者である。

人々がこの独立心を失って、ただ他人の力に頼って生きようとするならば、国民すべてが自分で生きられない者となり、これを引き受け助ける人などいなくなってしまうだろう。たとえるならば、目の不自由な人の行列には手を貸す人がいないのと同じである。いかにも困ったことになってしまう。

昔の賢人は「民はこれに由《よ》らしむべし、これを知らしむべからず」と言った。世の中は、政治のことなどわかる者など半分もいないのだから、世の中をよくわかっている者が上に立って国民を支配して、それに従わしめるのがいいのだと言っているのだ。この議論は孔子様の教えだが、いかにも間違っている見方ではないか。

一つの国に人を支配することのできる才能と徳を備えた人は千人のうち一人にすぎないかもしれない。仮に人口百万人の国があったとして、このうち千人は智恵者で、残りの九十九万九千人は無知の人間ということになる。智恵者の才徳をもってこの無知の国民を支配し、子供のように愛し、あるいは羊のように育て、あるいは脅したりかわいがったりして情をかけつつも、意のままに動かしていけば、無知の国民も御上の言うことにおとなしく従うかもしれない。窃盗や殺人の事件も起こらず、国内は平穏に治まるかもしれない。

そうなると国内は、国を治める主人と客の二つの人間に分かれ、主人は千人の知恵者で好きなように国を支配し、その他の客たる国民は国のことはまったく何も知らないでよいことになる。客であれば国のことを何も心配する必要もなく、ただ主人に頼って生きていればよい。国との関係もとても薄いものとなる。

しかし国内のことはさておき、外国と戦争になったときなどは困ったことになる。無知無力の国民は敵国に通じて協力することなどはしないだろう。しかし、客であるから敵国と命を懸けて戦うこともなく、逃げてしまう者が多いにちがいない。したがって、この国は人口は百万あったとしても、国を守る必要があるときに戦う人間はとても少ないだろう。これではとても国の独立などできない。

外国に対してわが国を守ろうとするためには、自由と独立の気風が全国民に行き渡り、国民の間に上下の差別なく、自分の国の問題は自分の問題であると捉え、智恵者であろうがなかろうが国民皆が国を守るために役割を果たさなくてはならない。

イギリス人はイギリスをわが祖国と思い、日本人は日本国をわが祖国と思う。その祖国の土地は外国人の土地ではなく、自分たちの土地である。わが祖国を思うことわが家を思うごとしてである。だから国を守るためには財産も命も惜しむものではないのである。これこそが国のために報いるということの真の意味である。

もちろん国の政治を担当するのは政府であるが、これは国民とそれぞれの役割を分担し合うためである。しかし、国の存亡にかかわるような事態になったときは、国民は政府にだけそれに対処しろと言い、自分たちはただ見物していてよいということにはならない。

すでに日本国の誰々、英国の誰々と、その姓名の上に国の肩書きを持っているのである。

そして自分の国に住み、自由の権利を享受しているのである。この権利を得て、行使している以上、国民としての義務も果たす必要があるのだ。

昔の戦国時代、駿河の今川義元が数万の兵をひきいて織田信長を攻めた。これに対し信長は、桶狭間において奇襲をかけ、義元の首を討ち取った。すると今川の軍勢はクモの子を散らすように逃げ、何ら抵抗を示さなかった。当時名高かった今川の国も、一日にしてすべて滅んでしまったのである。

これに対しつい近年のことだが、フランスとプロイセンが戦争を行った。戦いの始めにおいてフランスのナポレオン三世はプロイセンの捕虜となってしまった。しかしフランスの国民は望みを失うことなく、ますます士気を高揚させて戦った。多くの血を流し、屍《しかばね》の山を築いて、数カ月に渡りパリを守り抜き和睦に持ち込んだ。フランスは依然としてフランスのままとして残ったのである。

これを今川の国の場合と比べるとその違いがよくわかる。

その違いはどこからくるのか。

今川の国、つまり駿河の国民はただ今川義元一人にすがっていて、自分たちは客の気持ちでいて、駿河の国をわが祖国と思う者はなかったのである。しかし、フランスには国に報いたいと考える国民が多くいて、国家の危機を自分の問題として捉えて考え、自ら進んで国のために戦ったのである。ここに今川の国とフランスの国の大きな違いがあったのだ。

このように考えると、外国に対し自分の国を守る場合、国民において独立の精神が強い人間は自ら国を守ろうという意識も高く、独立の精神が弱い人間は自らの国を守ろうという意識も低いことが理解できるであろう。

第二条　自分自身が独立できていない者は、外国人と接しても自分の独立の権利を主張することはできない。

独立の精神がない者は必ず他人を頼って生きる。他人に頼って生きる者は必ず他人を恐れる。他人を恐れる者は必ず他人に媚《こ》びへつらう。いつも他人を恐れ媚びへつらう者はそのことがだんだん当たり前のようになってしまう。そして面《つら》の皮が厚くなり、恥知らずとなり、自分の考えや意見を持たず、人を見ればただ、腰を曲げて人に屈するだけの人間となる。こうした習性は習慣となってしまって容易に改めることはできなくなる。

例えば、今日本では昔と違って皆に苗字や乗馬が許され、裁判所の制度も改革され、表面的には士族も平民もまったく同等となった。しかし、それまでの習慣はそう簡単に急には変わらないようである。

平民であった者の意識はまだ昔のままで、言葉も賤しく、人との接し方も賤しく、目上の人に会うと一言も逆らわず、立てと言われれば立ち、舞えと言われれば舞ってしまい、その従順であることは家に飼われているヤセ犬のようである。実に無力であり、人としての誇りもないと言える。

昔の鎖国の時代において幕府が行っていた政治のように、国民に自由を与えない場合であれば、これは便利であったかもしれない。国民を無知にしておき、力で抑えて従順にしておくことは役人の得意とするやり方であった。しかし、今日のように外国とつき合わなくてはならない時代においては、大きな障害となってしまうのである。

例えば田舎の商人たちが外国と貿易取引をしたくて横浜に来たとしよう。彼らはまず外国人の体の大きさ、逞《たくま》しさを見て驚き、お金の多さに驚き、外国商社の建物の大きさに驚き、外国船の速さに驚き、すぐに肝をつぶしてしまうことになるだろう。

次に外国と取引をするようになると、その駆け引きの鋭さに驚き、無理やりな理屈を押しつけられてただ驚くばかりでなく、その威力に震えてしまい、おかしいとわかりながらも大きな損失を被る契約を結んでしまうのである。

これは商人一人の損失だけではなく、国家の損失でもあるのだ。一人の受けた恥辱だけでなく、国家の受けた恥辱でもあるのだ。

実にバカバカしい話だが、ずっと昔から独立の精神を持たされずに生きてきた町人たちの精神は、一朝一夕には変われるものではないのも事実なのだ。このような独立の精神がない臆病な者たちが、あの大胆不敵な外国人たちと会う時、肝を潰されてしまうことは理解できると言うべきであろう。

こうして、自分の精神が独立できていない者は、外に対しても独立していることができないということになるのである。

第三条　独立の気力がない者は他人に依存しているため、悪事をなすことがある。

旧幕府の時代に名目金というのがあった。

これは徳川御三家などの権威ある大名の名目を使って金を貸したりして、強引な取引をすることであった。

そのやり方はまったくひどいものである。自分のお金を一般人に貸して、それを返さないものがあるならば、政府に訴えを起こすべきが筋である。

しかし訴えを起こすのが怖いため、汚くても権威のある他人の名を使い、一般人の権力への恐れを利用し、返済をさせようというのである。いかにも卑怯なやり方ではないか。

今日では名目金の話は聞かないけれども、もしかすると力のある外国人の名前を借りて行っているものがいるかもしれない。私はこのことにつき確証を持っているものではないが、昔の事を思えば、今の世の中にも残っているのではないかと心配しているのである。

これからの時代において、外国人も私たち日本人が住んでいるところにも住むことができるようになるため、外国人の名前を利用して悪い事を行う者が出てくるかもしれないのだ。

それは国家にとっても大きな損失を与えることになる。したがって、国民に独立の精神がないということは国民を扱うのに便利でいいなどと言ってはいけない。

災いは思わぬところから起きる。国民に独立の精神がますます弱くなるということは、国を売ることとなるのと同じ災いが、ますます大きくなっていくということである。

右三カ条に言うところは、皆、国民に独立の精神がないことから生じる災いである。

今の世に生まれ、いやしくも国を愛する心があれば、官民問わず、まず自己の独立を考え、実践し、余力があるならば他人の独立を助けるようにすべきである。父兄は子供たちに独立を教え、教師は生徒に独立を勧め、全国民が独立することで国を守っていかなくてはいけない。

政治というのは、国民を束縛して上に立つ者が一人で心配するよりも、国民すべてに自由を与え、独立してもらうことで皆で苦楽を共にすることに越したことはないのである。

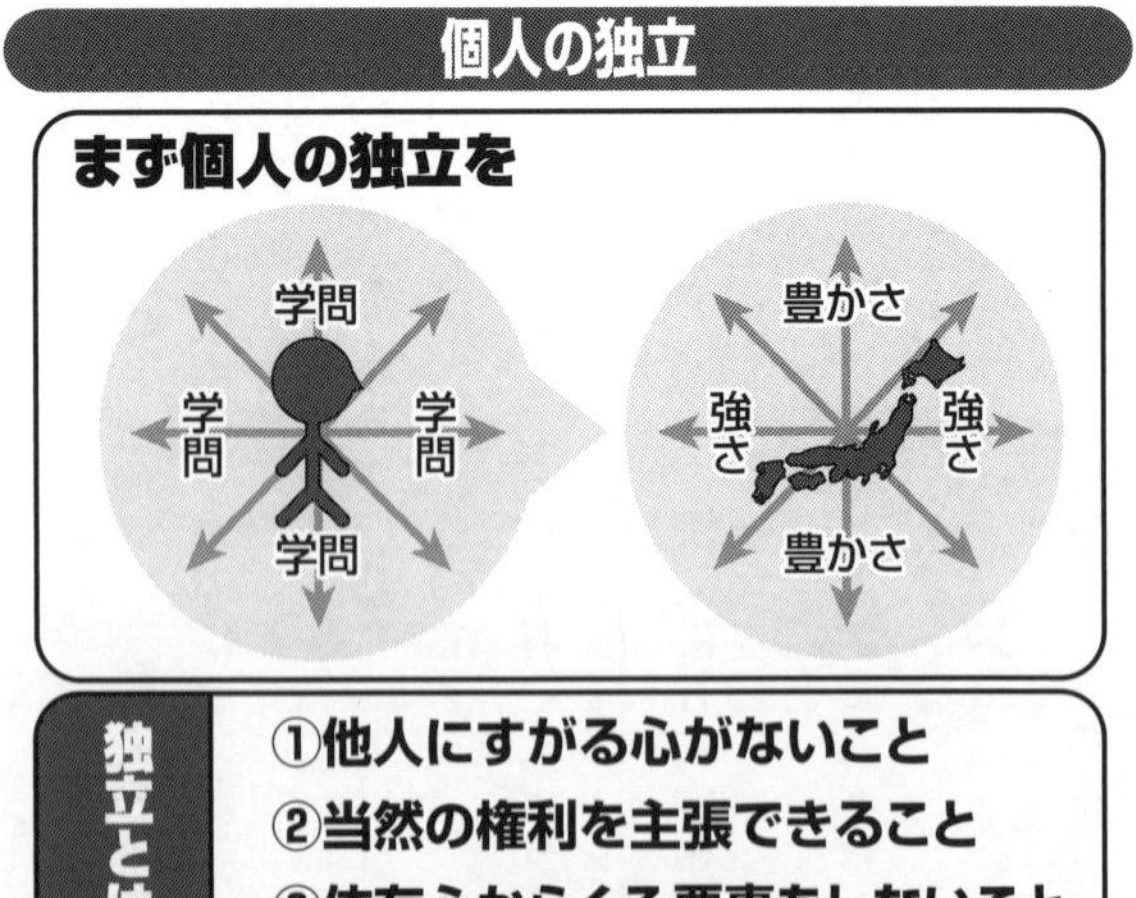

学問 / 学問 / 学問 / 学問

豊かさ / 強さ / 強さ / 豊かさ

| 独立とは | ①他人にすがる心がないこと
②当然の権利を主張できること
③依存心からくる悪事をしないこと |

福沢諭吉はここで強く日本人を叱咤激励する。国というのは個人の集まりでできている。だからその個人個人がどういう人間であるかによって、国の豊かさも、強さも、真の独立も決まってくる。

ならば私たち日本人の生き方も見えてくるではないか。一人ひとりが個人の気概を示し、独立の気力を持ち、独立できるために学問に励むのだ。個人の独立があってこその国家の独立であるから、これは日本の国にとっても重要なテーマである。

個人の自由や幸福を追求する権利を求めて、アメリカの人民は本国イギリスに対し、独立のための戦いを起こした。そしてこれに勝利した。その勝利が世界に与えた影響ははかりしれなかった。フランス革命もその一つであろう。

アメリカがなぜ独立できたのか。

やはり一番の理由は、市民一人ひとりの精神の独立があったからだ。このあたりのことを理解するに良い本はベンジャミン・フランクリンの『自伝』である。アメリカ建国の父と呼ばれる人間の成長過程、学んでいく過程、そしてそれが国の独立にまでつながっていく過程がよくわかる。まさに『学問のすすめ』に通じる内容である。

Column

リーダーと愚民観

　福沢諭吉のリーダー論は、いわゆる鬼のリーダー論ではない。個々人の力と役割分担の力によって成果を出すというものだ。

　人が組織において部下やメンバーをどうやってまとめていくかについては、今でもにぎやかに論議される。

　中国では一般的に孔子の時代、いやその前の堯《ぎょう》や舜《しゅん》の時代から、よき政治は力のある者、徳のある者が行うのが良いとされ、民はそれについていくのが幸せであるという考えが強かった。この伝統は毛沢東の時代まで続き、これからどう変わっていくのかが大いに注目されるところではある。

　日本もこれに近い。

　明治、大正、昭和と新しい時代となって文明も文化も開けてはいったものの、リーダーに頼りがちという国民性は根強い。自分がまずしっかりするという気分が足りない。

　つまり福沢諭吉が憂えたように、個人個人に独立の気概、気力が足りないのである。

　私は、やはり福沢諭吉の考え方がより正しいと思う。真に強い組織、強い国は、人を自立させ、能力を発揮させるところにあるのではなかろうか。

　だからリーダーも、部下を無能な者、弱い者、従うだけの者と見てはいけない。その能力を伸ばし、個人の幸福を実現していくことを願う者でなくては、真のリーダーではないと言うべきであろう。

第四章　四編

（明治七年一月出版）

―民間で活躍する人材となれ―

1 国民と政府がそれぞれの役割と責任を果たさなくては国の発展はない。

最近における識者たちの議論を聞くと、次のようである。

これからの日本の盛衰は、簡単に予測できるものではないが、日本が独立国家としてやっていけるのか不安が残る。

また、今のような勢いでもって進歩発展していくと、本当に盛大な文明国になれるというのは確かなことなのだろうか、と疑問を投げかけている者もある。あるいは、日本の独立が保たれるかどうかは二、三十年たたないとわかるものではない、と結論をあきらめている者もいる。なかには、ひどく日本を蔑視する外国人の考え方に従って、日本の独立はとても危ういものだと考える声もある。

もとより、他人の考えを聞いて、にわかにこれを信じ、望みを失う必要はない。

しかし、これらは日本の独立が保たれるかどうかについての議論である。日本の独立に何ら不安がなければ起こらないであろう。今、試しにイギリスに行って「イギリスの独立は保てるだろうか」と尋ねてみれば、人は笑って答えてくれないだろう。なぜならイギリス人は自国の独立を疑ってなどいないからである。

それではわが国はどうだろうか。文明の進展具合は前よりも良いように見えるけれども、これからについては疑いもないわけではない。この国に生まれ日本人として生きていく以上、日本の独立を心配しないわけにはいかない。

私もこの国に生まれて日本人として生きている。したがって、私を含めたわれわれ日本人は、それぞれの立場において日本の独立と発展のために尽くさなければならないのである。もちろん政治は政府が担当するのは当然だが、民間の仕事においては政府が関わることのできないものも多くある。したがって、国の全体のことを考えると、国民と政府とが両立し、分担し合うことで始めてうまくいくのだ。

われわれ国民は国民としての役割と責任を果たし、政府は政府としての役割と責任を果たし、お互いに助け合い、協力し合って国の独立を維持していかなければならない。

すべて、物を維持するには力のバランスがなくてはならない。例えば人間の体もそうである。健康を保つためには食べ物と水、空気と日光などが必要である。寒さや暑さ、痛さや痒さを外から刺激を受けて、体の内部がこれに対応し、それで身体の働きも調和するのである。今、例えばこのような外からの刺激をなくしてしまい、ただ身体を生きる力のままに放置するならば、身体の健康は一日も保てなくなってしまうだろう。

これは国も同様である。

政治とは国の働きである。この働きを調和して国の独立を果たすには、内に政治の力が必要で、外に国民の力が必要なのである。内と外が相応ずることで力のバランスがとれるようになるのだ。したがって政府は内の生きる力であり、国民は外からの刺激のようなものである。今、われわれがこの外からの刺激をなくしてしまうと、政府のただ働くところに任せてこれを放置してしまうことになり、国の独立は一日も保つことはできないことになる。

いやしくも生理学を学び、その仕組みをもって一国の経済に当てはめ、考察してみるならば、この結論は疑う余地のないところと言える。

現在のわが国の状況から見て、いまだ外国に及ばないものを挙げるならば、学術、経済・経営、法律の三つである。社会の文明はこの三つに深くかかわるものであり、三つの点において優れていないと国の独立は難しいことは誰でもわかることである。しかし、今のわが国においては、まだどれ一つも十分なレベルに達していない。

明治維新のときより、政府の人間たちは力の限りを尽くしてがんばった。その才能と力量は優れていたと言えるが、それでもなかなかうまくいかなかったのには原因があった。

その原因とは、国民の無知と無学である。

政府もよくその原因の存在を知ったうえで、しきりに学術を奨励し、法律を制定し、会社や商店をつくり、経営していく方法を示すなどしたりした。国民にもよく説明し、あるいは自らも模範を示していろいろ手を尽くしてきたものの、いまだに大きな成果は上がっていない。

その結果、政府も相変わらずの専制政治の政府であり、国民は無気力の愚民のままである。ほんのわずかに進歩しているように見えることもあるが、このために費やした予算に比べれば、いかにも効率が悪いと言わざるを得ない。つまり国の文明は、ただ政府の力だけで進めることはできないということなのである。

ある人は言う。「政府は当分の間、こうした愚民をうまく扱うために術策を使っていけばいい。そして国民の知識や道徳が向上したならば、そこから文明にふさわしい政策をとればいい」と。

しかし、このやり方は次に述べるように間違ったものだ。

わが国民は、これまでの長い歴史の間、ずっと専制の政治に苦しめられてきた。人びとはその心に思ったことを口に出すこともできず、人を欺いて自分の安全を守り、ウソをついてでも自分の罪を免れようとしてきた。ウソや欺きなどの手段を使うことは人生に不可欠のことであり、不誠実な生き方が日常生活の習慣にまでなっていた。そしてこれを恥じる者もなく、怪しむ者もなく、心の清らかさや恥を知る者のすがすがしさはこの世から消えてしまっていた。ましてや国のことなど思う者などいなかったのである。

政府はこのような国民の悪弊をなくし、正しい方向に変えようとして、なおさら権力を利用して国民を脅したり、叱ったりして、強制的に直そうとした。そのため国民は政府を信じられなくなり、火を使って火を消そうとするような逆効果を生むことになってしまった。そして、ついに政府と国民の間がますます離れていき、別々の気風というものができあがってしまったのである。

その気風とは「スピリット（精神・特質）」と言ってもよいものであり、簡単に変えられるものではない。

最近になって政府の表向きの外見は大きく変えられた。しかしその専制政治の気風は今も変わってはいない。国民も少しずつ権利を得ていっているように見えるが、いまだに卑屈で人を信じられないという気風は変わってはいない。こうした気風は形があるものではなくて、また、一人の人間や一つの場面を見ただけではわかるものではない。

しかし、実態の力というのはとても強い。世間全体で現れているのを見れば、いかにその実態がすごいものかがわかるのである。

一つの例を示してみたい。

現在、政府の人間の中には、立派な人物が多くいる。私から見ても心が広く、度量の大きな人物であり、批判するどころかその言行を見ると慕うべき人物と言えよう。他方、国民の中にも、すべて無気力の愚民ばかりではなく、少ない中にも公正、誠実な人物がいる。

ところが、こうした立派な人物が政府に集まり政治を行うようになると、具体的な政策は私が気にいらないものが多くなる。また、先の公正、誠実な国民も政府と接するとたちまちその接し方が変わり、ウソや詐術を使いだし、恥じるところもなくなるのである。この立派な人物においてもひどい政策を行い、この公正、誠実な人物においても賤しくて劣った国民となるのはなぜか。あたかも一つの身体に頭が二つあるようである。

個人としては智者であり、政府にいるときは愚者となる。一人のときは立派な人物で、集団になると暗愚となる。つまり、政府とは多くの智者が集まり、一つの愚政を実施するところと言うべきである。いかにもおかしなことである。

これこそが先に述べた気風というものである。人は気風に支配されていて、自分個人の本来の力量を発揮できなくなる。明治維新以来、政府において学術、法律、経済・経営などを活発に進めていこうとしても、効果が上がっていないのも、その原因はこうした気風にある。

しかるに今、一時の術策で国民を操り、知識と道徳が身につくのを待つというのは、威力をもって強制的に国民に文明を与えていこうとするものか、国民を欺いて都合よく動かしているだけのことである。

政府が国民に威をもって接すれば、国民は偽りの行動をとることでこれに応えるであろう。

政府が国民に欺むくことで接すれば、国民は表面的に合わせるだけの行動をとることでこれに応えるであろう。

これを良い政策とは言うことができない。たとえその政策が巧妙でも、文明の進展ということにおいてはまったく効果がない。だから、文明を進めていくにはただ政府の力にだけ頼っていてはいけないのである。

日本国独立の条件

今までは

国民と政府の間が離れてしまっていた

国民は無知・無学

政府は権力を使って脅したり、
叱ったりして専制的に政治をしてきた

いまだに

国民の気風（精神・特質）が変わらない

個人としては智者であっても
集団になると愚者になる

個人の本来の力量が
発揮されていない

これからは

それぞれの立場で役割と責任を果たす
ただ政府の力だけに頼ってはいけない

2 まずわれわれが民間で実践し、世の中の手本となろう。

これからわが国の文明を進めていくには、先のような国民に深く染みわたっている気風を一掃しなくてはいけない。これを一掃するには政府の命令では無理と言える。一個人の教えでも難しい。他人に先だち事業を起こし、国民の目標となりうる者が必要となる。今、この目標となる人物を求めると、農業や商業の分野にはいなくて、また国学、漢学の学者の中にもいない。それは、われわれ洋学を学ぶ者の中にいる。

しかし、これについても頼りにならない事情がある。最近、私たちのような洋学を学ぶ者が増えてはきたが、彼らはただ、横文字の文章を講義したり翻訳書を読んだりして、学んではいても、その本質を理解できてはおらず、たとえ理解できても実践しようという誠意がない。またその行動において、私が疑いたくなる者も少なくない。それは、洋学の仲間たちは政府に仕事を求めるばかりであって、民間に仕事があるのを忘れてしまっているからである。政府の一員になって上に立つことばかり考えて、民間で自分を活かしていくという道を知らないのである。これでは昔の漢学者の悪習と同じであって、身体は漢学のままで上から洋学の服を着ているだけのことである。

それをさらに具体的に述べてみよう。

今日、洋学を学んだ者のほとんどは、政府・官僚の仕事に就き、民間の仕事をする者はほんの少しである。なぜ皆、官を目指すのかと言うと、これはただ収入がいいというだけではないだろう。昔からの教育の影響があって、ただひたすら官の方にしか目が向かず、官に就かねば出世することはできないと考えているのである。

こうして官の世界に入り、昔からの青雲の志を実現したいと欲するのである。これはすでに名の知れたる大家の先生においても同じで、その身の処し方は賤しむべきようではあるが、そう非難することもできない。

なぜなら、心が賤しいというのではなく、ただ世間の気風に心が支配されていて、自分の本来の果たすべき役割をわからなくなっているからである。高名な洋学者でもそうなのであるから、他の洋学を学ぶ者はさらにそういう傾向となるのはよく理解できることだ。

若い学生はわずかに数巻の書を読んだだけで官僚の道を志し、志を持った民間の者はわずか数百の元金があれば国の名を借りて商売をしようとする。学校も官立であって、説教・道徳も政府の名で行う。牧畜も養蚕も、その他民間の事業の十に七、八も政府が関与している。

こうなるとますます世の中の人々はその気風になびいてしまい、官を慕って、官に頼り、官を恐れて、官にへつらうようになる。どこにも真の独立の精神を持っているものはいない。この見苦しい状態を見るのは忍びないことである。

さらに、今日の新聞や各意見書を見てもこの傾向が見える。

出版を取り締まる法律は厳しいのは確かだが、新聞紙面を見ると政府の機嫌を損なうような記事は載せずに、逆に、政府の政策で少しでも良いことがあるとこれを大げさに誉め上げている。これはまるで娼妓が客に媚びるようである。

また、政府への意見書の文章の書き方を見ると卑劣を極めていて、政府を崇め奉ること鬼神のようであり、自分を卑下すること罪人のようである。平等である人間社会にあってはならないような文章の書き方であるのに、まったく恥じる様子もない。この文章を読んで書いた人を想像するに、ただの狂人として思えないほどだ。

しかし、新聞を出して記事を書き、あるいは政府に意見書を書き提出している者のほとんどは洋学を学んだ仲間たちである。一人ひとりを見ると決して娼妓ではなく、狂人でもない。それなのにこの不誠実なことが世の中に行き渡ってしまっているのは、いまだに世間に民権(国民の自由・独立の権利)を主張して、実践している人がいないからである。ただ卑屈な気風に支配されてしまい、それに合わせて生きるだけで、本来の国民のあり方を見失っているからである。

これをまとめるならば、日本にはただ政府があり、国民は存在していないと言ってもよい。

こうして、人々の気風を一変させて日本の文明を進めていくには、これまで洋学を学んだ者たちも頼りにできないと言うしかない。

この私の見方が正しいならば、わが国の文明を進めてその独立を維持するには、政府だけに頼ることはできないし、これまで洋学を学んだ者たちもだめということになる。となれば、われわれがやるしかない。まずわれわれが事を始め、日本国民の先頭に立ち、洋学を学ぶ者たちの先駆けとなってその方向を示してあげなくてはいけないのである。

今の私たちを見てみると、学識はまだ浅く不十分であるが、洋学を志してからかなりの時がたっている。日本では中流以上の地位があると言ってよいだろう。近年の社会の改革も、私たちが主となって始めたものか、陰において助けて進めたものである。中には私たちが助力しないものもあろうが、その改革であっても私たちの歓迎するところである。

世間の人たちも私たちを改革者と見てくれている。私たちの社会的な地位は上にあり、世間の人たちも私たちの実践するところを目標としているのである。だからさらに世の人たちに先立って事を成していくことが私たちの重要な役割というべきである。

文明を進めるには、気風の一掃が必要

現在

世間の気風に心が左右され
本来果たすべき役割が
わからなくなっている

気風を一掃するには？

われわれ（洋学を学んだ者、学問を志すもの）がまず実践し、方向を示さなくてはならない

Column

ある講演会にて

私の尊敬する先生が官僚とそのOBで代議士になった人たちを前に、憲法問題の講演をするというのでついていったことがある。

先生は言った。「日本をダメにしてきたのは官僚である」。

この痛烈な批判に、居眠りしていた“偉い人たち”が一斉に目を覚ました。

講演会の後の挨拶に立った官僚OB代議士先生は怖々《こわごわ》と反論。「戦後の日本の発展は、私たちが粉骨砕身して日本のためにがんばったからだと自負して生きてきました……」。

すると先生、サッと立って「喝!」。

「そういうことを考えて、分を越えて、偉そうに政策を牛耳ってきたからダメな日本になったんではないか。心構えからして間違っている。官僚は国民の邪魔をしないように、忠実に法と政策を遂行していくのが仕事であるのだ!」。

私はスカッとしたこと言うまでもない。

しかし、ついでに先生が私の書いた憲法の本(『ポチたまと読む 日本国憲法』)をニコニコ顔で手に持って宣伝してくれたが、出席していた“偉い人たち”は一冊も買ってくれなかった。

一回の講演だけでは何も変わらないように思えてしかたなかった。それほど日本の官僚は大きな錯覚をしているのを強く感じた。

国民も同じく、官僚こそ日本をよくしてくれる優秀な人々であると錯覚させられていたのだ。

3 民間で活躍することのすすめ。

事を始めるにあたっては、まずこれを皆に詳しく説き明かしていくのがよいだろう。しかしもっと良いのは、私たちがまず実践して、手本を示していくことである。

政府は国民に対して命令する権利は持っているだろうが、これを詳しく説き明かしたり、実践していったりするのは民間の役割なのである。だから、私たちはまず、民間の立場にあって学術を講義し、経営や商いに従事し、法律を学び、本を出し、新聞を発行するなどしていくのである。

国民としての立場を越えることはないが、何事も恐れることなく積極的に行い、法を固く守って行動する。仮に政令が間違っていて国民が被害を被るようであれば、私たちは政府の力に屈することなく議論し、政府に反省を求め、国民の権利を回復していくかなくてはいけないのである。

もちろん私立・民間の事業は多方面にわたり、これに携わる人もそれぞれ得意とする分野があり、私たち少数の仲間にできることは限られるかもしれない。しかし、その目的とするところは、事を行うにあたっての巧みなやり方を見せるのではなく、世の中の人たちに、民間の進むべき方向を示そうというものである。百回の議論より一回の実例を示すのがよいからだ。

人間の事業は、政府が独占するものではない。学者は学者として民間で仕事をし、市民は市民で自分で事業を起こすのである。政府が日本の政府と言うのなら、国民も日本の国民である。政府に恐れることなく近づくべきであるし、疑うよりも親しんでいくのが良いことを国民に知らしめるべきなのだ。

こうして、国民の進むべき方向を示して、日本の政府と国民の良くない気風を消すことで、初めて真の日本国民が生まれていく。国民は政府の玩具ではなく、政府を刺激する存在となり、学術、経済・経営、法律もおのずから日本にしっかりと存在するようになり、国民の力と政府の力とが同等になり、これによって日本の独立が維持されることになるにちがいない。

以上をまとめてみよう。

今日において、日本の独立を助けていくという見地から洋学を学ぶ者の進むべき道を考えると、政府の管轄する機関に入って官の立場から実践するのと、そこから離れて私立の立場で実践するのが良いのかの二つに分かれることになる。そして、私は私立・民間の立場で実践するのがよいと考えたのである。

すべて世の中のことを詳しく見てみると、利がないものは必ず害がある。利益が出ないものには必ず良くないところがあるのだ。利害得失が相半ばするものはない。

だから、私は何か別の意図があって私立・民間が良いと言っているのではない。ふだん自分の考えていることを述べたにすぎない。

世の中の誰かがこの利の議論の確証を示して論破して、私立・民間の不利であることを証明するならば、私は喜んでそれに従い、天下に害を与えることはしないつもりである。

どのような立場で実践するか？

われわれ（洋学を学んだ者、学問を志すもの）がまず実践し、方向を示さなくてはならない

どのように？

利益の出ないものには必ず害がある

×
官の立場から実践する

◎
民間の立場で実践する

4 勇気を持って挑戦しよう。

附録

本論について二、三の質問があったので、ここで説明したい。

第一の質問は「事を成すには力のある政府を利用した方が便利ではないか」というものである。

私の答えは次のとおりである。

文明を進めるには政府だけの力に頼っていてはいけない。そのことは本文でも明らかにした。政府においてすでに数年も実験しているものの、まだその成果は出ていない。私立・民間においても成果が出るかどうかはわからないけれども、議論した上でこれは明らかに見込みがあるとわかった以上、これに挑戦してみるべきであろう。何もやらないでおいて、まずその成功を疑う者は、勇気のある者ではない。

第二の質問は「政府に人材が乏しい。有能な人たちが政府から離れると、政府の仕事に差し支えるのではないか」というものである。

私の答えは次のとおりである。

そうではない。今の政府は役人が多すぎる。行政を簡素にし、役人を減らせば、仕事もよく整理されてうまくいく。余分な人たちは民間の仕事をするのが良い。これが一挙両得である。いたずらに政府の仕事を増やし、有能な人材を集めて、世の中の役に立たない仕事をやらせるのは良くない政策というべきである。役人を辞めても外国に行くというわけではなく、日本国内にいて日本の仕事をするのである。心配することは何もない。

第三の質問は「政府の外に私立の人材が多く集まれば、それはまさに政府のようであって、本来の政府の権威を落とすことになるのではないか」というものである。

私の答えは次のとおりである。

その考えは小人のものと言うしかない。私立の人も官の人も同じ日本人である。ただ地位が違うだけである。お互いに協力、助け合って国の利益をはかっていこうというのであり、敵ではなく真の仲間ではないか。もし、この私立の者たちが法を犯すことがあるならば罰すればよいことだ。恐れることは何一つもない。

第四の質問は次のとおりである。

「私立・民間で独立しようと思っても、役人を辞めると生活できなくなるのではないか」。

私の答えは次のとおりである。

このような言葉は、才能と人格に劣る人のものである。すでに自らを学問を修めた者として、日本の事を思う者が何もできないとは考えられない。

身につけた能力で生活することは難しいことではない。役人の仕事においても私立・民間の仕事においても、仕事の難しさは同じである。もし役人の仕事がやさしくて、その収入が私立・民間の仕事より多いというのであれば、役人としての収入は貰いすぎと言わざるを得ない。

実際の仕事よりも多くの利益を手にし、むさばるのは、人格劣る者のやることである。無芸・無能のくせに、たまたまの機会を得て官途について、みだりに給料を手にし、ぜいたくし、口先だけで天下のことを論じるのは、私の友とは言えない。

福沢諭吉が明治の初めに見抜いた日本人の気風の一大欠点が、今も私たちの社会にはびこっていることを気づかせられる。

それは官尊民卑の気風であり、官立学校崇拝主義であり、民間の事業への官の介入などである。百三十年以上も前に取り上げた問題点を、今でも私たちは議論しているのである。

郵政民営化問題もその一つである。福沢の立場からすると、民営化は当たり前のことだということになるだろう。いまだに与党内も野党内も、この民営化に抵抗する人が多くいるというのが日本の現実なのである。

なぜ民間が良いのか。それは、世の中の仕組みからそうなると福沢は言う。「利がないものは必ず害がある。利益が出ないものには必ず良くないところがあるのだ」政府が関与する事業というのは、必ず税金を投入しその維持をはかっていくことになる。歯止めは難しい。すると害あるものも見えなくなる。

官僚中心主義の国家日本は、外国から弊害を批判され、その改革を強く求められている。その改革を推し進め、成功させるためにも、今も『学問のすすめ』を学ぶことに大きな意義がある。

民間で利益を生む仕事こそ正しい道である。

Column

七心訓と最中

福沢諭吉の七心訓というのが世に流布している。

一、世の中で一番楽しく立派なことは、一生涯を貫く仕事を持つことです。
二、世の中で一番みじめなことは、人間として教養のないことです。
三、世の中で一番さびしいことは、する仕事のないことです。
四、世の中で一番醜いことは、他人の生活をうらやむことです。
五、世の中で一番尊いことは、人のために奉仕し決して恩にきせないことです。
六、世の中で一番美しいことは、すべてのものに愛情を持つことです。
七、世の中で一番悲しいことは、嘘をつくことです。

この心訓が箱の内側に印刷されているおいしい最中がある。その名はズバリ「学問のすすめ最中」である。

この最中をシアトル在住の慶応出身である若林茂ワシントン大学客員教授に贈ったら、七心訓は後年の偽作であると教えていただいた。

しかし最中と同じく内容はすばらしい。

このほかに、福沢諭吉が息子たちに与えた「ひびのおしえ」というのも良く知られている。これも子を思う愛情の深さとともに『学問のすすめ』に通じる教えが書かれている。

第五章　五編

（明治七年一月出版）

――学問を志した者は社会のために尽くせ――

1 独立の気力を持たなければ文明の精神は失われていく。

学問のすすめは一般の人たちの入門書、または小学校の教科書として出したものであるので、初編から二編、三編まではできるだけ日常の口語を用い、文章を読みやすくするようにした。四編になると少し文体を改めたので難しい言葉を使ったところもある。また、この五編も明治七年一月一日、社中の集まりの時に述べたことを文章にしたもので、文体も四編と同じく難しいところがあるかもしれない。それは、この四編、五編は学生に向けて書いたものだからである。

世の学生は、たいていは腰抜けで気力も不十分ではあるが、文章を読む力はしっかりしている。いかに難しい文章でも困る者はいないので、この二冊にも遠慮なく文章を難しく書き、内容も自然と高度なものとなった。このため一般の人たちの入門書たるべき学問のすすめの趣旨を失ったことは、初学者の方たちに申し訳ないことである。

六編よりはまたもとの体裁に帰って、もっぱらわかりやすさを主として考え、初学者の便利をはかり、さらに難しい文章は用いないようにする。したがって、読者の方は、この二冊だけを見て本書全体の難易を評価しないでほしい。

明治七年一月一日の詞（ことば）

われわれは今日慶應義塾において明治七年一月一日を迎えた。この年号はわが国独立の年号である。

この塾はわが社中独立の塾である。独立の塾において独立の新年を迎えることができることは、何と喜ばしいことであろうか。しかし、独立できていることが喜びであるということは、独立を失えば悲しみに変わってしまうということだ。したがって今、この喜びの時においても、いつの日か悲しむ時があることも忘れてはならないのである。

昔よりわが国は、平和や戦乱を経ながら、政府もしばしば変わってきた。今日まで国の独立を失わなかったのは、国民が鎖国の風習の中にあって、国の興廃が外国との戦争で問題とならなかったためである。外国との関係がなければ、平和も国内だけの平和であるし、戦争も国内だけのことである。こうして、平和や戦争を経ての国の独立も、ただ国内の独立であって、外国との戦いを経ての独立ではない。これをたとえるならば、子供がいまだ家庭内で育てられているだけであって、世の中に出て他人と接していないことと同じである。そのひ弱いことは当然のことと理解できるであろう。

今や外国との交際がどんどん拡がり、国内において取り扱われる仕事はすべて外国とも関係するようになった。あらゆることがすべて、外国と比較されながら処理されるような勢いである。古来日本人の力で達成した文明は、西洋諸国の到達している文明に比べるとはるかに遅れたものであり、これを西洋から学ぼうと思うとするとき、その先も見えないことを嘆かざるを得ない。わが国の独立がいかに薄弱なものかがよくわかる。

国の文明は形だけを見て評価してはいけない。学校、工場、陸軍、海軍などと言うが、それは文明の形である。形をつくるのは難しいことではない。それはお金で買えるからである。

しかし、ここに形には見えない文明の問題がある。これは目で見ることができず、耳で聞くこともできず、売買することもできず、貸借することもできない。しかもすべての国民の間にあって、その与える影響は強く、これがなければ先の学校以下の文明の形も中味のまったくないものとなる。まさに文明の精神とも言うべき最も重要なものである。それは何か。

それは国民の「独立の気力」である。

最近、わが政府はしきりに学校を建て、工業を振興し、陸海軍の整備も大いに進め、文明の形はほぼ備わってきたようである。しかし国民においては、いまだに外国に対してわが国の独立を確固のものとし、外国との競争をしていこうという気力がない。

また、争わないというだけでなく、たまたま外国の事情を知るべき機会を得た人でも、さらにこれを詳しく調べていこうともせずして、ただ外国の力を恐れているのみである。外国に対して恐怖しているようでは、たとえ自分がいくらかの知識を手にしていても、これを外に向かって拡めることはできない。国民に独立の気風がなければ文明の形も無用の長物となってしまうだろう。

そもそもわが国の国民に気力がない原因は、歴史始まって以来、ずっと国の権力は政府が一手に握ってきたことにある。

軍事や文学から商工業まで、世の中の小さなことまで政府が関与しないものはなかった。国民はただ政府の示す方向に奔走するのみであった。まるで国は政府の私有物であって、国民は国の食客（ただ飯喰らい）のようなものであった。宿無しの食客となって居候《いそうろう》するだけであるから、国を旅の途中の宿ぐらいにしか見ておらず、自分の問題として考えることはなかった。こうして自分の気力を出す機会もなくなり、これが日本全体の気風となっていったのである。

しかし今日に至ってはなお、これよりひどい状況も見ることができる。

だいたい世の中の事は、進まなければ必ず後退していく。進みもせず後退もせず、止まったままというものはない。今の日本のありさまを見ると、文明の形は進んでいるように見えるけれども、文明の精神である国民の気力は日に日に後退していっているように見える。これについて論じてみたい。

昔の足利や徳川の政府においては、民を操るのにはただ力を用いた。民は力がなく政府に服従した。力のない者は心から従うのではなく、ただ政府の力を恐れて形だけは服従するのである。

ところが、今の政府はただ力あるのみならず智恵も早く回るし、物事の処理においても決して遅れることはない。明治維新より十年もたっていないのに、学校や軍隊の改革と整備を行い、鉄道、電信の開設も済ませ、石造りの建築物や鉄橋の建設も行った。その決断のすばやさと実行力のすばらしさは、国民を驚かすに十分である。しかし、この学校や軍隊は政府の学校であり、軍隊である。鉄道・電信も政府の鉄道・電信である。石造り建築物も政府のものである。国民は果たしてこれをどのように見ているのだろうか。

人は皆、次のように言うにちがいない。「政府はただ力があるだけではなくて、智恵も兼ね備えている。私たちの遠く及ぶところではない。政府は雲の上にあって国家を動かし、私たちは下から政府に頼っていくしかない。国の行く末を心配するのは御上の仕事であって、私たち下々の者が関われるものではない」と。

これを概して言うと、昔の政府は民を操るのに力のみを用いたが、今の政府は力と知恵を使うということだ。昔の政府は民を操る術に乏しく、今の政府はその術を豊富に持っている。昔の政府は民の力を挫き、今の政府は民の心を奪う。昔の政府は民の形を支配し、今の政府は民の内部を支配する。昔の民は政府を鬼のように見たが、今の民は政府を神のように見る。昔の民は政府を恐れたが、今の民は政府を拝む。

今の、このような誤った状況が改められずに進むならば、政府が行うことで文明の形は次第にできていくように見えるけれども、国民はますます一段と気力を失っていき、文明の精神は衰えていくだろう。

今、政府は常備の軍隊を持っている。国民は本来、これを国を守る軍隊と見て、その盛大な姿を見て祝い、意気揚々としていなければならない。しかし国民は、軍隊を自分たちを威圧するものと恐れるのみである。今、政府は学校、鉄道を所有する。国民はこれを文明の象徴として誇るべきはずなのに、かえってこれを政府からの恩恵物のように見て、さらなる政府の恩恵に対して依頼する心を強くしている。

このように国民は、自国の政府に対して萎縮し、恐れおののきの心を抱いてしまい、とても外国と競って文明を争うだけの心のゆとりを持っていない。したがって、私は、国民に独立の気力がなければ、文明の形を作ってもそれはただ無用の長物であるのみならず、かえって民心を後退させ萎縮させるものになると述べたのである。

今と昔

① 日本が今まで独立を失わなかったのは
鎖国していたから

↕

いまや外国と関係しないものはない

② 国の推力は政府が一手に握ってきた

↕

いまだに国民は居候

③ 昔の政府は民の力を挫き、民の形を支配した
昔の民は政府を鬼のように見て、恐れた

↕

今の政府は民の心を奪い、民の内部を支配する
今の民は政府を神のように見て、拝む

文明の形と独立の気力

**文明の形だけを見て
評価してはいけない**

国民の
「**独立の気力**」が
大切

外国と競争していこうという気力
世の中のことを自分の問題として考えること

**文明の形だけを作っても
国民に独立の気力がなければ
無用の長物、民心を萎縮させるのみ**

Column

緒方洪庵

福沢諭吉が生涯の恩人の一人として挙げていたのが緒方洪庵である。

洪庵は蘭学（オランダ語を通じて学ぶ西洋の学問）の権威であり、医師であった。大阪の適塾を開き、蘭学を教えた。

諭吉は 23 歳の時に入塾し、24 歳で塾頭になった。適塾門下生からは幕末、そして明治維新後に活躍した多くの人材が出た。大村益次郎、佐野常民、箕作秋坪、大鳥圭介らである。

大村益次郎を主人公にした司馬遼太郎の小説『花神』に、洪庵の人柄がよく紹介されている。

司馬遼太郎は別のエッセイの中で洪庵のことを日本における最高の教育者であると評価している。

諭吉は門閥主義を親のかたきとしてそれをバネにしたが、洪庵という人は自分の体が弱くてそれがくやしくてしかたなくて学問を志したという。

司馬遼太郎は言う。

「人間は、人なみでない部分を持つということは、すばらしいことなのである。そのことがものを考えるばねになる」（『十六の話』中央公論新社）。

緒方洪庵のモットーは、「人のために道のために」というものであった。そして、その愛情深い人柄に多くの人材が育てられていった。

吉田松陰と並び称される最高の教育者であろう。

2 学問を身につけた者は国の文明のために生きよ。

右に論じたことから考えると、国の文明は上の政府から起こるものではなく、下の庶民から生まれるものでもない。必ずその中間から起こって、国民全体に向かうところを示し、政府と並んで立つことによって初めて成功が期待されるものである。

西洋諸国の歴史を見ると、商工業の進展は一つとして政府が創り出したものではない。すべては中流の地位にある学者の考え出したものから生まれてきた。蒸気機関はワットの発明であり、鉄道はステイブンソンの工夫である。初めて経済学の原理を研究し、経済政策のあり方を一変させたのはアダム・スミスの功績である。これらの人たちはいわゆるミドル・クラス（中流階級）の人たちで、政府の大臣でもないし、また肉体労働者でもなかった。まさに国民の中において中流に位置し、知力をもって世の中を動かしたのである。

その個人個人の工夫や発明を世の中に広め、実際に役立たせるためには、民間において会社を組織して人を集め、事業として大きくしていって、後世までの国民の幸福をはかっていくのである。そして、政府はこうした民間の事業を妨げることなく、保護する義務があるのみである。

したがって、文明を進めるのは私立・民間人であり、それを保護するのが政府である。こうして初めて国民がその文明を自らのものとし、他国民と文明の進展を競い合い、負けたら悔しがり、勝つとこれを誇りに思うようになるのだ。自分の国ですばらしい発明・工夫がされたら、国民は皆大喜びし、他国に先を越されないように努力するようになるだろう。こうして文明に関することのすべてが国民の気力を高めることとなり、国の独立を助けるのである。

しかし、わが国の現状は今、これに相反するものとなっていると言わざるを得ない。今、わが国においてミドル・クラス（中流階級）の地位にあって文明を唱え、国の独立を維持することに貢献できる者は、ただ学者・知識人だけである。しかし、この学者・知識人はこうした時勢についてよくわかっていないか、国を憂うことが自分の身を憂うことほどに切実ではないようである。また、世の中の悪い気風に染まりきって、ただひたすら政府に頼り切って事を成そうと思っている。

大勢の者が私立・民間における自分の地位を去って官界に入り、ささいな事務を担当し、これに奔走させられて心身を疲れさせている。このような生き方を見て笑いたくなることも多いのだが、自らも世間のことを別に何とも思っている風はなく、ひどい者になると「民間にはもう優秀な人間は残っていない」などと言っているようだ。

このようなことは時代の風潮であって、個人一人の罪ではないが、国の文明のためには大きな災難と言うべきである。文明を育て、進展させていくべき立場にある学者・知識人であるのに、文明の精神が日に日に衰えていくのを傍観して、憂う者がいないというのはいかにも情けないことではないか。まさに悲しむべきことである。

こうした中で、わが慶應義塾だけはわずかにこの災難を免れて、数年の間、独立の名を失っていない。独立した塾であり、独立の精神を養い、その目的とするところは全国民の独立を支えていこうという一点にある。

しかし、それと反対の風潮が世の中を覆っていく力は急流のごとく、台風のごとくである。この勢いに対抗し踏ん張ることはそう簡単なことではない。特段の勇気を持ち続けなければ知らず知らずに流されたり、気づかないうちに流されたりしてしまうことにもなる。

人の勇気は読んだだけで身につけられるものではない。読書は学問の手段である。学問は物事を成し遂げていくために活用する手段である。実際に実践・行動し、物事を経験していかなければ勇気と力は生まれない。

わが慶應義塾においてすでに学術を身につけた者は、貧苦に耐え、艱難《かんなん》をものともせずに、その得た知識・見識を文明の進展のために生かしていかなくてはならない。

その学問の分野は問わない。商業に勤めなくてはならない。法律も議論しなくてはいけない。工業も振興しなければならない。農業も進めなければならない。また著作、翻訳、新聞の発行など、およそ文明に関することはすべて自分たちの役割として、国民の先頭に立って政府とお互い助け合わなくてはならない。

官の力と私立・民間の力とがお互いに平均して、一国全体の力は増していくのである。そしてこれまでの弱すぎる独立から、しっかりと不動の独立へと変えていき、外国と競い合っても決して譲ることのない力をつけるのである。今から数十年たった新年において、今日のことを振り返って、あの程度の独立だったのかと笑い飛ばすだけの独立にしていけたら、何とすばらしいことであろうか。

学者・知識人の方たち、しっかりとこの目標に向けて努力していってほしい。

文明の発展のためには……

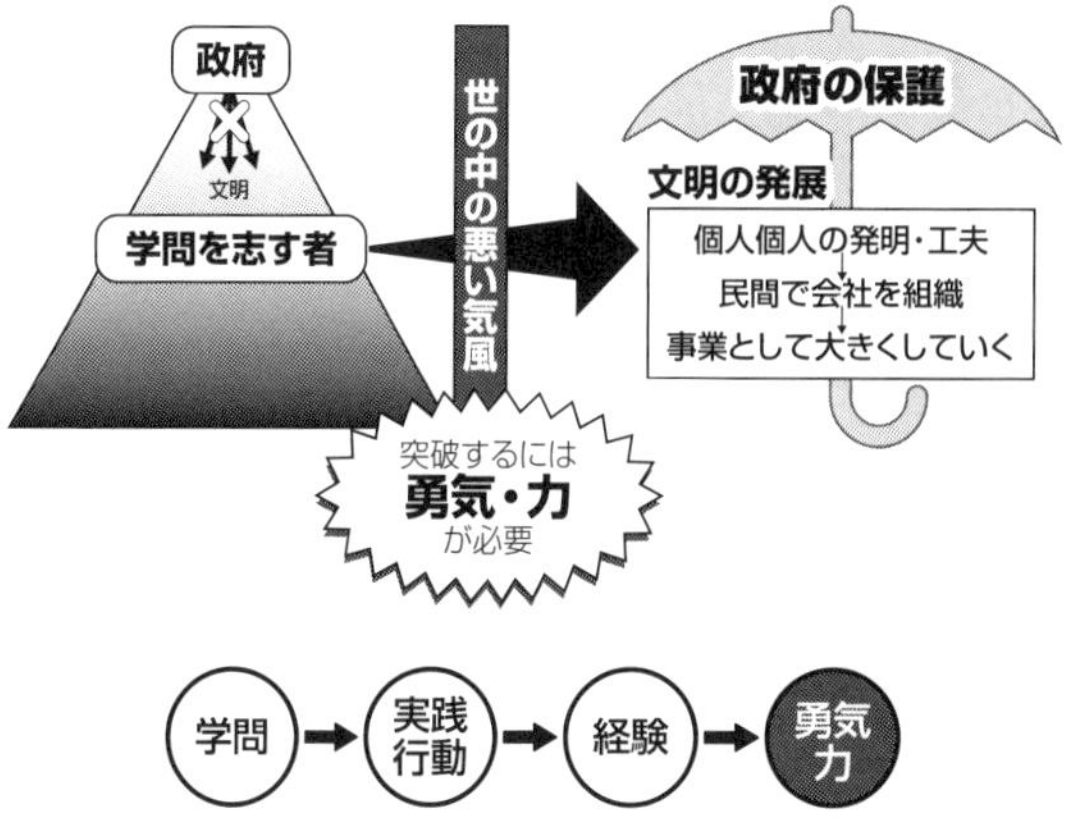

この五編は少々異色である。

というのは、一八七四年(明治七年)元旦、慶應義塾の塾生たちに語った内容だからである。その点いくらか考慮して読んだ方がいいのではないだろうか。ここは見方の分かれるところである。

この編で福沢諭吉は、世の中を動かす力となるのはミドルクラス、つまり中流階級であると述べている。論者の中にはこの点を重視している者がある。しかし私は、ここでミドルクラスとは学問に志し、学んでいる人たちのことを言っているのであるから、厳密にとらえるべきではないと解する。しかもこの学者、知識人の中で独立の精神を保ってるのはわが慶應義塾だけだと述べているところからしても、塾生を励ますための言葉の使い方であったと思う。だから、日本人の中での中産階級とかミドルクラスとか、元武士階級に対するメッセージが『学問のすすめ』であると、強いてとらえる必要はないだろう。

現実にも、学歴のない人たち、貧しい人たちの中から『学問のすすめ』とスマイルズの『自助論』を読んで発明したり、事業を興して成功したりした人は数知れないのである。

ここで福沢諭吉が最も言いたいのは、学問を志して勉学に励み、世の中に活かすというのは、役人になることや政府関連の仕事をすることではないぞということなのである。

その目的とは独立の精神を身につけるとともに、民間において役立つ事業を成功させていくことなのだということである。そうすることで初めて文明の精神というものが国民の間に浸透していくと力説しているのである。

門閥制度、身分制度を最も嫌った福沢諭吉である。国民の中に階級を見出して、そこにだけ期待していたとは見るべきではないと思うのである。

スマイルズの『自助論』でも述べている。「コペルニクスはポーランドのパン屋の息子だった。ケプラーはドイツの酒屋に生まれ、自分もそこで給仕として働かされた」。「ニュートンはグランサム近くの貧しい農家の子である」。「彼らは子供の頃の厳しい逆境にもめげずに、才能を努力で開花させ、そのゆるぎない名声を手に入れることができた。彼らのこうした人生は、世界中の富を集めても買うことができない価値を有しているのだ」（ハイブロー武蔵訳）。

豊田佐吉も大工の子であり、西洋の偉人たちの多くが独学で発明家となっていったのを知り、豊田式自動織機を発明し、世界的企業の基盤をつくった。後のトヨタ自動車に発展していく。

『学問のすすめ』は、こうした人たちの独立の気力を支えた貴重な本であったのだ。

Column

村田蔵六（大村益次郎）

1858年（安政5年）、適塾の塾長になった翌年、福沢諭吉25歳の時に、藩命で江戸で蘭学を教えることとなった。

江戸に着いた次の年、幕府はアメリカ、イギリス、オランダ、フランス、ロシアの五カ国との交易を許可し、横浜を開港した。諭吉はさっそく自分の蘭学の力を試しに横浜まで出かけた。

ところが、言葉がまったく通じず、また、文字を読んでも意味がわからない。一大ショックである。

これからは英語の時代なのだとわかった。

決してめげないのが諭吉の真骨頂である。すぐ英語の勉強を開始するのである。

適塾の仲間である村田蔵六（後の大村益次郎）に一緒に勉強をしないかと誘ったが、拒否された。蔵六はオランダ語で間に合わせると言うのだ。諭吉は「僕は横浜に行ってあきれた。とても蘭学は役に立たない。ぜひ英語を読まなくてはならない」と言ったが、「何もそんな困難な英書を辛苦して読むことはない。必要な書はオランダ人が翻訳するから、その翻訳書を読めばそれで十分だ」とラチがあかなかった。

蔵六は後の倒幕軍の最高責任者になる男である。尊皇攘夷をエネルギーとして、早く幕府を倒すことしか頭になかったのかもしれない。

第六章　六編

（明治七年二月 出版）

――法律は国民が国民のためにつくるもの
であるから、しっかり守るべき――

1　法律は国民が国民のために定めたものである。

政府は国民の名代（代理）であって、国民の思うところに従って政治を行うものである。その仕事は、罪ある者を取り締まり、罪なき者を保護するのである。それが国民の思うところでもあり、達成されて国民も安心して生活できる。

もともと罪ある者とは悪人であり、罪なき者とは善人である。今、悪人がやって来て善人に危害を与えようとするならば、善人はこれを防がなくてはならない。だから自分の父母、妻子を殺そうとする者があればこれを捕まえて殺し、自分の財産を盗もうとする者があればこれを捕まえてムチ打ちにしても良いようである。

しかし、一人の力で大勢の悪人を相手にし、これを防ごうとしてもとてもかなわない。たとえ出来たとしても莫大な費用もかかってしまうことになる。そこで国民の総代理人として政府をつくり、善人保護の仕事を依頼し、その代わりとして役人の給料はもちろん、政府の諸費用をすべて国民の税金で賄うことを約束したのである。

また、政府は国の代理人として事を成すべき権利を与えられたのであるから、政府の行う事は国民の行う事と同じであり、国民も政府の法律に従わなければならないのである。これも国民と政府の約束である。つまり、国民が政府に従うというのは政府の作った法に従うのではなく、自分たちが作った法に従うのである。だからこの国民の作った法を破ることは、政府の作った法を破るのではなく自分らが作った法を破ることになるのである。その法を破って刑罰を受けるのは、政府に罰せられることではなく自らが定めた法によって罰せられることなのである。

この趣旨をたとえてみると、国民というのは二人前の役目を務めているのである。その一つは、自分の代理人として政府を立て、国内の悪人を取り締まって善人を保護することである。その二つ目は、政府との約束を固く守り、その法に従い保護を受けることである。このように、国民は政府と約束して政治の権利を政府に委ねた以上、この約束を破って法に違反してはいけないのである。

人を殺す者を捕らえて死刑にするのは政府の権限である。窃盗犯人を捕らえ、刑務所に入れるのも政府の権限である。訴訟を取り扱うのも政府の権限である。乱暴を働いたりケンカをする者を取り押さえるのも政府の権限である。これらの政府の権限に国民は手を出すことはできない。

もし自分勝手に罪人を殺したり、窃盗犯人を捕らえてムチ打ちを加えたりすることがあれば、それは国の法を犯すことになる。自分が勝手に他人の罪を裁き刑を与えることは、私刑

（リンチ）と言うもので、許してはならないことである。この私刑（リンチ）を禁ずる法律は、文明諸国の間では重く、そして厳しく運用されている。

わが日本においては政府の威信が大きいように見えるが、国民はただ政府の貴さを恐れて、その法の貴さを理解していない者が多い。今、なぜ私刑（リンチ）がいけないかと、なぜ国法が貴いかを次に説明したい。

例えば、わが家に強盗が入ってきて、家族の者を脅し、お金を奪おうとしたとする。このときの家の主人としての務めは、この事実をすぐに政府に訴え、政府の処置を待つということである。

しかし、訴える間もなく強盗はすでに金庫よりお金を持ち出そうとしている。主人が一人で止めようとするのは命の危険もあるため、家族みんなで強盗を捕らえ、その後に政府に訴えたとする。強盗を捕らえるときには棒を使ったり、刃物を使って傷つけたり、足の骨を折ったり、場合によっては銃を発砲して殺してしまうこともあるかもしれない。これは、主人たる者がわが命を守り、わが家の財産を守るために、しかたなく行った自衛のもので、決して強盗の違法を咎め、それを罰するという私刑（リンチ）の考えがあったわけではない。

罪人を罰するのは政府の権限である。したがって、自分の力でこの強盗を捕らえたならば、これを殺したり、痛めつけたりすべきではないばかりか、指一本も傷つけてはならない。ただ政府に通報して、政府の裁判を待たなくてはいけないのである。もしも強盗犯人を捕らえたうえで自分の怒りでこれを殺したり、痛めつけたりすることは、無罪の人を殺し、無罪の人を痛めつけたことと同じことになるのである。

例えば、ある国の法律に金十円を盗む者はムチ打ちの刑百回というのと、足で人の顔を蹴る者はムチ打ちの刑百回というのがあったとする。その国において泥棒が人の家に入って金十円を盗んで出て行こうとしたとき、家の主人がこれを捕らえ、縛り上げたうえで、怒りにまかせて足で泥棒の顔を蹴ったらどうなるのだろうか。

この国の法律からすると、泥棒は金十円を盗んだから当然百回のムチ打ちの刑を受けるが、家の主人も裁判なしに足で顔を蹴りあげたのだから、やはりムチ打ちの刑百回となるのである。国の法律というのはこれほど厳格に適用しなければいけないことを、私たちは忘れてはいけないのである。

国民の二つの役割

①
自分の代理人として政府を立て
政府に権限を与える

罪人を捕らえ、罰する
善人を保護する　など
訴訟を扱う

↓

政府の諸費用を賄うために
税金を払う

②
政府の法に従い、保護を受ける

自分の作った法に保護され
罰せられるということ

↓

法を尊重し
国の権限を犯してはいけない
（私刑などの禁止）

Column

咸臨丸

英語の勉強を始めたばかりの福沢諭吉は、幕府がアメリカに使節を派遣することを知る。

幕府の使節に軍艦一隻をつけることにした。これが咸臨丸である。咸臨丸の提督は木村摂津守喜毅で、艦長は勝海舟であった。

諭吉は何としてもアメリカに行って、自分の目で西洋を見たい、英語も学びたいと思い、何とかつてを頼み提督の木村を紹介してもらい、同行を認めてもらえた。こうして木村摂津守喜毅は緒方洪庵と並んで、福沢の恩人となった。

この咸臨丸の航海について、諭吉は自伝の中で感慨にふける。

「(はじめて）蒸気船を見てからわずか七年目、航海術を学び始めて五年目にして、万延元年（1860 年）の正月に航海に出た。少しも他人の手を借りずに行こうと決断した勇気と技倆は、日本国の名誉として、世界に誇るに足る事実だと思う」。

このような国民はアジアはもちろん、昔のピョートル大帝時代のロシア人でも無理だろうとも言っている。

「日本人のごとく大胆にしてかつ学問思想の緻密な国民は容易になかろうと思われる」と豪語した。

なお、咸臨丸で諭吉が見た勝海舟は不機嫌で文句を言い、スネてばかりの艦長で、しかもずっと船に酔ってばかりで部屋に閉じこもってばかりいたという。

諭吉は晩年に、勝海舟を批判した『痩我慢の説』の書を書いている。

2 法律は勝手に無視してはいけない。

こうしてみると敵《かたき》討ちがいかに良くないことかがわかるであろう。

自分の親を殺した者は、国から見ると一人の人を殺した国家の犯罪人である。この犯罪人を捕らえて刑を下すのは政府の権限であって、私たちが勝手に行うことはできない。殺された者の子だからといって、政府に代わって私的にこの国家の犯罪人を殺すことはできないのである。それは国民としての役割を越え、政府との約束を破ることになる。

もし、この事件において政府の処置が間違っていて、犯罪人の味方をするようであれば、その政府の誤りを指摘し訴えなくてはいけない。どんなことがあっても自分が手を下してはならず、たとえ親の敵《かたき》が目の前に現れたとしても、私的に殺してはならないのである。

徳川時代に、浅野家の家来たちが主人の敵《かたき》を討つと言って吉良上野介《きらこうずけのすけ》を殺したことがあった。世間の人はこれを赤穂《あこう》の義士たちと誉めたたえた。

これは大きな間違いであろう。

この時の日本の政府は徳川である。浅野内匠頭《たくみのかみ》も吉良上野介も同じ日本の国民であり、政府の法に従い、その保護を受けることを約束していた。ところが、ちょっとした間違いで吉良上野介が浅野内匠頭に無礼を加えたために内匠頭はこれを政府に訴えずに、怒りにまかせて私的に上野介を斬ろうとした。このため双方のケンカとなった。これに対し徳川政府は、裁判において内匠頭を切腹の刑にしたが、上野介には刑を加えなかった。たしかにこれは実に不正な裁判と言うべきであろう。

しかし浅野家の家来たちがこの裁判を不正だと思うのなら、どうしてこれを政府に訴えなかったのか。四十七士たちは申し合わせて、それぞれが法に従って政府に訴えたらどうなったろうか。

もとより徳川政府は暴政をしいていたから、最初はその訴訟を取り上げもせず、場合によったら訴えた者を捕らえ、殺すこともあったかもしれない。

しかし、一人殺されようと、これを恐れずまた一人が訴えて、これが殺されたらまた次が訴えていって、四十七人の家来が道理を訴えて、皆が命を失い尽くすまでやったらどうであったろうか。いかに悪名高き政府でも、ついにはその道理に敗け、上野介にも刑を加えて裁判を正しくやり直すこともあったのではないだろうか。こうあってこそ、はじめて真の義士と称すべきである。

しかし、四十七士たちはこの道理を知らず、身は国民の地位にありながら国法の重大さを顧みず、勝手に上野介を殺したのである。これは国民の地位・義務を間違えて、政府の権限を犯して、私的に人の罪を裁決したものと言うべきである。

幸いにして、その時、徳川政府はこの乱暴人たちを刑に処したから無事に治まったが、これを許していたとしたら、吉良家の一族もまた、敵討ちをして、赤穂の家来を殺すことは明らかであろう。そうなると、赤穂の家来の一族がまた敵討ちと言って吉良の一族を攻めるにちがいない。敵討ち、敵討ちとキリもなく、ついに双方の一族、朋友が死に尽くすまで終わることはない。いわゆる無政府、無法の世の中とはこういうことを言うのである。

このように、国法に従わない私的な私刑というのは国を害するのである。絶対に慎まなければならない。

昔の日本では、百姓町人が武士に対して無礼を働いたと見られると、斬り捨て御免という法があった。これは政府から公に私的制裁の許しが出ているということになる。まったくけしからんことではないか。

すべて、一国の法は唯一、政府が施行すべきものである。それなのに、法があちこちから施行されると政府の権力は弱まっていくであろう。例えば徳川の封建時代において、三百あまりの諸侯がそれぞれに国民の生殺の権利があったということは、政府の力もその割合に応じて弱かったということである。

私的制裁の最も甚だしくて、政治を害する最大のものは人の暗殺である。古来より暗殺の例を見てみると、私怨のためにするものとお金を奪うためにするものがある。これらはその行おうとする者が国の法を犯し、罪を覚悟の上でのことである。

これに対し、さらに別の種類の暗殺がある。この暗殺は私のためというのではなく、ポリティカル・エネミー、つまり政敵を憎んでの殺人である。世のことについて、それぞれの思想を異にする者がいるとき、自分の思想をもって他人の罪を裁決し、政府の権限を犯して勝手に人を殺してしまうのである。そしてこれを恥じるどころか、かえって得意になって「天誅を加える」などと言う。世の人の中にもこれを称賛して、「報国の士」などと言う人がいたりする。

そもそも天誅とは何事であろう。天に代わって悪人を罰すると言うつもりなのか。そのつもりならば、まず自分の身がどういうものか考えてみるべきである。

この国に住み、国民として政府とどのような約束を結んでいるのか。必ず国法を守り、そして自分の身の安全を国に保護してもらうことを約束しているのであろう。もし政治に不平なところがあって、国を害する人物がいると思ったならば、静かにそれを政府に訴えるべきである。それなのに政府を差し置いて自らが天に代わって悪人を罰するなど、考え違いも甚だしい。

この種の人は、性質は生真面目かもしれないが、物事の道理を知らない人である。国を憂うことをするが、その根本の原因と、それをどうやって良くしていくかをわからない人である。考えても見よ。古今東西、暗殺で改革が成功し、世の中がより幸福になったことなど、いまだかつて一度もないではないか。

国法がいかに貴いものかを理解していない者は、ただ政府の役人を恐れて役人の前ではほどよく見せておいて、表面的に犯罪と見えないならば裏で罪を犯していてもこれを恥としていない。それどころか、うまく法の網の目をくぐって罪から逃れた者があると、かえって良くやったと評判を得たりする。

日常の世間話においても「表向きにはそうなっているけれども、私のようにうまくこうすれば、法にひっかかることがなくていい。しかしこれは表向きには言えない秘密のことだが」などと笑って話したりしている。だが、これを聞いて注意する人はいない。もっとひどい者となると、役人と話し合って、このような秘密事を行い、お互いに利益を与え合い、罪を逃れていたりする。

実際にはたしかに、政府の法があまりにも煩わしくて、現実に合わないということもあろう。だからこうしたことが進行しているとも言えるが、一国の政治状況から見ると、これは最も恐れるべき悪弊と言うべきである。このように国法を無視するようなことが当たり前になると、国民全体が不誠実になり、必ず守らなくてはいけないような法も守らなくなる。

例えば通りで小便をするのは禁じられている。しかし、人はこの禁令の貴さを理解しておらず、ただ警官に見つかることを恐れるだけである。日暮れどきなどに、警官がいないのをうかがって法を破ろうとしたら、見つかってしまって罰せられた者がいたとする。しかし、この者は貴き国法を犯したから罰せられるとは思わないで、ただ恐ろしい警官に見つかってしまった不幸を思うのみである。何と嘆かわしいことだろうか。

このように、政府は、法を定めるにおいてはできるだけ簡単なものにするが良い。そして法を定めたならば、必ず厳格にその法を実施せしめなくてはいけない。これに対し国民は、政府の定めた法を見て、現実に合わないと思えば遠慮せず、これを論じ、訴えるべきである。

これに対し、すでにこの法を認めてその法の下に生活するならば、自分勝手にその法を無視することなく守るべきなのである。

国法を守る

✕敵討ち
- 捕らえて刑を下すのは政府の権限
- 敵討ちには敵討ち、とキリがなくなる

✕斬り捨て御免
- 政府の権限が弱まってしまう
- 政府の権限が弱かった証拠でもある

✕暗殺
- 法の保護のもとに生活しているなら静かに訴えるべき
- 生真面目だが物事の道理を知らない人のしわざ
- 暗殺で改革が成功したことはない

国法を無視するようなことがあたりまえになると

- 国民全体が不誠実になる
- 表面上よく見せて裏で罪を犯しても恥としなくなる

政府 できるだけ簡単な法を定め厳格に実施しなくてはならない

国民 現実に合わないならば遠慮せず、論じ、訴えるべき

自分勝手に法を無視してはならない

先月のことであるが、わが慶應義塾においても事件があった。

華族の太田資美君が、一昨年前から自分のお金でアメリカ人を雇って塾の教員として出てもらっていた。これが今度交替の期限となって、他のアメリカ人を雇うことで話がつき、太田氏より東京都へ書面を出して、塾の文学科学の教師にしたいと出願した。

しかし東京都は、「文部省の規則に、私金をもって私塾の教師を雇い、私《わたくし》に教育をするものであっても、その教師になる者が本国において学科卒業の証書を得ていない場合は雇うことはできない、というのがある。ところがこのアメリカ人は卒業証書がなく、ただ語学の教師というのであれば別だが、文学科学の教師としては認めることはできない」との回答を通達してきた。

そこで福沢諭吉から東京都へ、次のような書類を提出した。「この教師になるべきアメリカ人は卒業証書を持っていないが、その学力は当塾の生徒を教えるために十分であり、よって太田氏の願いの通りに認めてもらいたい。語学教師として申し立てすれば願いは通せるのだろうが、わが生徒は文学科学を学ぶつもりであるので、語学と偽り、官を欺くことはあえてしないものである」。

しかし、文部省の規則は変えられないとして、諭吉の願書も返却された。このためすでに合意していた教師を雇い入れることはできず、昨年十二月下旬に本人は米国に帰り、太田君の好意も水の泡となり、数百人の生徒も失望した。実に一私塾の不幸のみか、国の文学のためにも大きな妨げであり、バカらしくも苦々しいことであるが、国法の貴重であることは遺憾ともしがたい。いずれ近いうちにまた重ねて出願するつもりでいる。

このたびの一件においては、太田氏をはじめ慶応義塾社中の集まりで、その内輪話の中で、文部省の定めた私塾教師の規則も国の定めた大切な法であるから、ただ文学科学の文字を消して語学の二字に改めれば、願いも認められ生徒のためにもなるのではないか、などと再三にわたって評議された。

しかし結局のところ、この度の教師を迎えられなくて社中生徒の学業が遅れることがあったとしても、官を欺くことは学問を身につけた者の恥ずべき行為である。したがって謹んで法を守り、国民としての本分を間違えずにいくことが最上の策であるとして、ついにこのような結果となった。

これはもとより一私塾の処置で瑣末《さまつ》なことではあろうが、議論の中味は世間の教育全般にもかかわることであると思い、ここで述べたのである。

福沢諭吉の政治論、民主主義論、法律論には社会契約論の影響があると言われたり、民主主義の考え方には懐疑的であったという見方をする人がいたりして、細かく争われている。

しかし私は、ここでは『学問のすすめ』を素直に読みとり、今に活かすという姿勢を貫きたい。

確かに大きく時代が変化していく中で、西洋の学問を自分自身で手探りで学んでいき、日本の状況の変化に対応しつつ生きてきた諭吉である。若き時代より晩年まで同じ考え方を書き続けてきたはずがない。あるいは左右に揺れながらも、何が今の日本に必要なのかを問い続けてきたのである。だからいろんな文献から一字一句を引っ張ってきて議論することに私は関心がない。重要なのは、この『学問のすすめ』が日本国中に勇気を与え、学び行動する力を与え続けてきたという事実である。だから、ここに書かれている内容を直に受け取っていけばいいと思うのである。

こうして六編の法律論は、現在素直に読むとかえって意味がわかりやすい。法治主義というのには二つの意味があるとされる。国民は自らが法律をつくるということ。もう一つは自らがつくった法律によってのみ自らが制限されるということである。だから国民は法律を守らなければいけないのである。諭吉の論じる法律を守ることの意義は、今にしてよく理解できる内容である。

Column

アメリカ体験

咸臨丸で無事サンフランシスコに到着した福沢諭吉ら一行は、アメリカ人たちの大歓迎を受けた。初めて開国したアジアの日本という国の人間がどんなものか見てみたいということもあったのだろう。

諭吉の自伝には驚きの連続のことが述べてある。

○馬車というのを初めて見て、実に驚いた。
○ホテルに入ると絨毯が敷き詰めてあって驚き、そのうえ、靴やぞうりのまま歩くのでまた驚く。
○徳利の口をあけると恐ろしい音がして驚く（シャンパンだった）。
○コップの中に何か浮いていて、それを口の中に入れて肝をつぶしたり、ガリガリ噛んで食べて、それが氷であることを知って驚く。
○マッチを見て驚く。
○豚の子の丸煮が出されて胆をつぶす。

などである。

こうして驚いてばかりの諭吉だが、ちゃっかり休日に街に出て、写真屋の娘と二人だけの写真を撮るなどの積極性は失っていなかった。これを帰国途中の船で若い士官たちに見せて驚かしたという。この写真は岩波文庫の『福翁自伝』の中でも見ることができる。ほどよい緊張感と茶目っ気にあふれている、いい写真である。

第七章　七編

（明治七年三月 出版）

―国民の立場・役割と国家の関係―

1 国民の立場・役割を考える。

第六編で国法の貴さを論じて、国民は一人で二人前の役割を果たすものであることを述べた。ここではさらに、国民の義務などについて詳しく説明し、六編を補うことにする。

およそ国民は一人の身で二つの役割がある。その一つは、政府の下に立つ一人の民という存在であって、社員のようなものである。二つめは、国中の国民が申し合わせて一国の名がついた会社をつくり、会社の規則を定め、これを施行するものであって、会社の主人のようなものである。

例えばここで、百人の国民が一つの商社をつくり、皆で相談のうえ社の規則を定め、これを施行するのを見たとき、百人はそれぞれが会社の主人である。また、実際に社の規則が定まり、社の全員がこの規則に従うところを見ると、百人の人はこの商社の社員でもある。

このように、一国はこの百人の商社のようなものであり、国民は一人で、支配する立場と仕える立場の、主客二通りの役割を務めることになる。

第一　社員の立場から論じるならば、国民は国法を尊重し、人間平等の精神を忘れてはいけ

ない。

他人がみだりに自分の権利を害することを欲しないのであれば、自分も同じく他人の権利を妨げてはならない。自分が楽しむものは人もまた楽しむものであるはずだから、その他人の楽しみを奪って自分の楽しみを大きくしようとしてはいけない。

同じように、人の物を盗んで自分の財産としてはいけない。また、人を殺してはいけないし、人の名誉を害してはいけない。こうして正しく国法を守り、自分も人も平等であるという大原則に従わなくてはならないのである。

また、国の定めた法はたとえ愚法に見えても、不都合に思っても、自分勝手にこれを破ってはいけない。戦争の遂行決定も外国との条約を締結するのも政府の専権事項である。この権利は国民が政府に与えることを約束したものであるから、関係者以外はみだりにこれに口出すことはできない。国民がこのことを忘れ、政府の決定について、自分の考えと違うといって勝手に議論を巻き起こし、条約を破ったり、戦争を仕掛けたりしてはいけないのである。はなはだしい場合には一人で刀を携えて、外国の軍に挑もうとしたりする。こんなことが起きれば国の政治は一日として保たれなくなってしまうだろう。

これを例えるならば、先の商社において百人が話し合ったうえで、そのうちの十人を選んで役員として会社の経営を任せたとき、その十人の決定について残りの九十人が自分の考えと違うといってそれぞれが会社経営の決定をしてしまうようなものである。役員たちは酒を売ろうと決めたのに、九十人の者はぼた餅を仕入れようと考え、勝手にぼた餅の取引を始めたりして、会社に紛争が起きたりすると大変なことになる。そして結局この商社が損失を出すことになると、それは百人全員が引き受けなくてはいけない。これほど愚かなこともないだろう。

こうして、国法について国民は、たとえ不正、不便と考えても不正、不便を口実にしてこれを破ることがあってはいけない。もし本当に不正、不便の条項があれば、一国の役員たちである政府に説きすすめて、手順に従って、その法を改めさせるようにしなくてはいけない。この自分の考えに政府が従わなくても力を尽くし、そして時が来るまで耐えるのである。

第二　国の経営者・主人の立場から論じるならば、一国の国民はすなわち政府そのものなのである。

なぜならば、一国中の国民が全員政治に携わることはできないから政府をつくり、これに国政を任せ、国民の代理として実務を行わせることを約束したのである。したがって、国民は国の主人であり、政府は代理人であり、会社で言えば選任された役員である。

例えば商社百人の中から選ばれた十人の役員は政府であって、残りの九十人は国民のようなものである。

この九十人は自分で会社の重要決定事項を決めたりはしないが、自分たちの代理人として十人の声に任せているのだから、自分の立場はやはりこの商社の主人なのである。また、十人の役員は商社の業務の執行を行うけれども、もともと社員たちの依頼を受け、その意に従い、事をすすめることを約束した者であって、その実態は私事のためではなく商社の公務のために働いているのである。

今、世間において政府に関わることを公務とか公用とか言っているが、その言葉のもとともとの意味は、政府の仕事は役人の私事ではなくて国民の代理として国全体のために働く、公の仕事という意味なのである。

政府は国民の委任を受け、その約束に従って、国民に対し一切の差別なく、その権利をしっかりと享受させるようにしていかなくてはならない。法を正しく制定し、法の適用においては一切の私情があってはいけない。例えばここに一群の暴徒が人の家に乱入したとき、政府がこれを見て取り押さえることもできないとするならば、政府もその暴徒と同じ仲間のようなものであると言うべきである。

政府がもし国法の趣旨を達成できずに、国民に損害を与えたときは、必ずこれを補償しなくてはならないのである。

例えば役人のミスで日本人、あるいは外国人に損害を与え、三万円の補償金を支払うことがあったとしよう。もともと政府にお金があるわけではないから、その補償金は国民から出される税金で賄われることになる。この三万円を日本国民の人口三千万人に割り当てると、一人十文になる。役人のミスが十回あれば国民一人当たり百文の出費となる。一家五人とすると五百文である。田舎の農民に五百文のお金があれば、妻子そろって一晩、ご馳走をつくって大いに楽しめるはずであろう。しかし役人のミスによって、日本全国の罪なき庶民からこれ以上ないという楽しみを奪うことになるのだ。

いかにも気の毒なことではないか。国民からすると、このような馬鹿らしいお金を出す必要はないようにも思えるが、いかんせん国民は国の主人であり、はじめに政府へこの国の政治・実務を取り扱ってくれるように約束をしている。したがって、お金を損したときのみ役人の落ち度をあれこれ論じてはいけないのである。

だから国民たる者は普段から政府の活動をよく見ていて、不安なところがあれば誠実にこれを指導し、穏やかに話し合わなければならないのである。

国民はすでに国家の主人であるから、国を守り、維持するために必要なお金を支払うことに不平な態度ではいけない。

国を守るには役人の給料が必要であり、陸海軍の軍事費や裁判所、地方公務員の人件費もいる。合わせると大金のようだが、国民一人ずつに割ると大した金額にはならないだろう。一年の間にわずか一円、二円のお金であろう。一年間にわずか一円か二円のお金を支払って政府の保護を受け、夜間の押込み強盗の心配もなく、一人旅でも山賊に襲われる心配もない。安心してこの世を渡ることができて便利なことである。世の中には割合のよい商売があると言うが、税金を払って政府の保護を受けるほど安いものはないはずである。

世間を見回してみると、家を新築するのにお金を使う者がいるし、華美な服や美食にお金を費やす者もいる。ひどいのになると酒と色事のためにお金を捨て、先祖からの財産をなくしてしまう者もある。これらの費用と、税金の額の高さなどは比較できる話ではない。

無駄な出費であれば一銭でも惜しむべきだが、道理においても出すべきであるし、この支出で安くて必要なものが求められるのであるから、税金については惜しまず、快く支払うべきである。

国民と政府の関係・国民の義務

国民は国法を尊重し 人間平等の精神を忘れてはならない

法を正しく守る

自分も人も平等であるから
他人の権利を侵害してはならない

法に不都合があっても
勝手に破ってはならない

手順に従って法を改める

一国の国民は政府そのもの

法を正しく制定し
適用に私情はさんではならない

普段から政府の活動を
よく見てなければならない
不安なら穏やかに
話し合わなければならない

税金は快く払う

Column

税金

「その国の一番の高額紙幣には、最も尊敬される偉人の肖像がある」とよく言われる。アメリカの百ドル紙幣はベンジャミン・フランクリンである。現在、日本の一万円札はもちろん福沢諭吉である。

この二人にはたくさんの共通項がある。勤勉であること。科学・物理にも強いこと。歴史に残る大ベストセラーを出したこと。なぜか多くの人に好かれる人気者であること、など挙げればきりがない。いずれ二人を比較した本を書きたいと思うほどである。

さて、福沢諭吉は「税金は安いものだ。しかも自分たちの便利のためだ。気持ちよく払え」と説いている。

フランクリンはどうか。フランクリンの若きころのベストセラー『プア・リチャードの教え』にはこうある。

「ここにお集まりの皆さん、おっしゃるとおり、税金は確かに高い。もし私たちが支払うべき税金が政府によるものだけであれば、何とか支払えるでしょう。しかし私たちは、他にもいろいろな税金を課せられていて、人によっては、政府が課す税金よりもはるかに重い税金を背負っているのです」つまり、「怠け者であることで二倍の税金、見栄を張ることで三倍の税金、愚かであることで四倍の税金を背負わされていると言えるのです」(ハイブロー武蔵訳)。

すなわち、皆税金が高いと言うが、政府が課す税金は勤勉な者にとっては大したことはないと言うのだ。

さすがに二人とも紙幣の肖像となるに値する人物と言えよう。

2 暴政府に対して国民が取るべき行為。

このように、国民も政府もそれぞれその立場を尽くして、お互いに役割を分担し合っていればとても良いことであるが、時に、政府というものはその立場を逸脱して暴政を行うことがある。このとき国民が取る行為として考えられるのは次の三つである。

すなわち、ただ政府に屈して従う、力で政府に敵対する、正しい道理を守り身を捨てる、の三つである、以下それぞれを見てみよう。

第一　ただ政府に屈して従うのは絶対に良くないことだ。

人は天の説く正しい道に従って生きるのが使命である。それなのにその正しい道を捨て、政府の悪政に従うのは、人の使命に反することである。

しかも、いったん悪政に屈し不正の法に従うならば、後世、子孫にその悪例を残し、それが世の中の悪い気風となってしまう恐れがある。

昔から日本においても愚民の上には暴政を行う政府があった。政府が威嚇すれば国民はこれを恐れて震えた。あるいは政府の政策について、これは現実にはできないと思いながらも、そのことをはっきりと述べると政府の怒りに触れ、後になって役人たちにひどい目にあわされることになると恐れた。だから正しいことを言う者もいなかった。

こうして、いかなる無理なことでも政府の命令には従わなくてはならないと思い、それが世の中全般の気風となってしまった。そしてついに今日の浅ましい状態に陥ってしまったのである。

これが、国民が自分の考えを主張しなくなり禍《わざわ》いを後世に残したという例なのである。

第二　力でもって政府に敵対するのは一人では無理である。必ず徒党を組まなくてはいけなくなる。これが内乱、内戦を引き起こすのである。

これは良くない策と言うべきだ。すなわち、いったん戦いを起こし政府に敵対するときは、もう、事の善悪は関係なく、いずれの力が強いかの比較となってしまうからである。しかも古今の歴史を見てみると、国民の力は常に政府よりも弱いものである。

また内乱が起きてしまえば、従来、その国で行われてきた政治の仕組みを一度くつがえしてしまうことになる。しかし、その旧政府がいかに悪政府であっても、中には良い政策や良い法もあったであろう。そうでなければ一国の政府として続くこともなかっただろうからだ。

こうした政府を一時の怒りで倒したとしても、暴をもって暴に代え、愚をもって愚に代えるだけである。

　内乱の原因を見てみれば、政府の非人道的な政策を憎んで起こしたものである。しかし世の中において、内乱ほど非人道的なものはない。友情は破られ、ひどいときには親子、兄弟同士が敵となり、殺し合いとなり、家を焼き、人を殺すなどの悪事がいたるところで行われることになる。

　このような恐ろしいことが起きて人の心はますます残忍となり、ほとんど人間とは言えない行動を取るようになる。

　こうしておいてもまだ、旧政府よりも良い政治を行い、国民に寛大な政策を実施し、世の中の人情を厚くできると言うのだろうか。おかしな考えというしかない。

第三　正しい道理を守って身を捨てるとは、天の道理を信じ、疑わずに行動することを言う。
　すなわち、いかなる暴政や過酷な法に苦しめられてもその苦痛を耐え、自分の志を挫くことなく、一切の武器を手にせず、腕力を決して使わず、ただ正しい道理を政府に対して主張し、迫ることである。

以上の三つの策のうち、この第三の策をもって最良の策と私は考えている。理をもって政府に迫れば、その時行われている良い政策と良い国法はこのために害を受けることはない。政府に迫る正論は採用されないこともあるかもしれないが、これが正しいあり方であるということは、すでに社会に明らかになる以上、自然のうちに世間の人たちの心の中に広まっていくであろう。したがって、今年受け入れられなくても、来年は受け入れられるかもしれない。

また、力をもって政府と敵対することは、一つのことを得ようとして百のことを害する恐れがあるが、理を唱えて政府に迫ることは、ただ除くべき害を除くだけであって他を害するようなことはない。その目的とするところは政府の不正をとどめようというのであるから、政府の政策が正しく行われるようになれば、この議論も終わるのである。

また、力をもって政府に敵対すれば、政府も必ず怒り、自らの悪政を反省することなく、かえってますます暴政に走ってしまうようになる。しかし、静かに正しい道理を主張する者に対しては、たとえ暴政府といえどもその役人は同じ国の人間であるから、正しい道理に身を捨てる姿を見て、同情・理解を示すようになるだろう。こうして自らの過ちを悔い、心の底から改心するようになるであろう。

このように世を憂いて、自分の身を苦しめたり命を犠牲にしたりする者のことを、西洋の言葉では「殉教（martyrdom）」と言う。失う命はただ一人のものだが、そのもたらす効果は千万人を殺し、千万両を費やす内乱、内戦よりもはるかに優っている。

昔より、日本では討ち死にした者も多く、切腹した者も多い。いずれも忠臣とか義士と言われ、評価されてきた。しかし、彼らが命を捨てた原因を見ると、多くは二つの政治勢力が政権を争う戦いに関係したものであったり、主君の敵討ちなどによって華々しく一命を投げ捨てた者である。

形は美しいように見えるが、その実態は世の中の利益になることは何もないのである。自分の主人のためにと言い、自分の主人に申し訳ないと言って、ただ一命を捨てればよいというのは、文字も文明もない世の中では常であるかもしれないが、今日の文明の精神から見ると、彼らは自分の命の捨てどころを知っていないと言わざるを得ない。

元来、文明とは人の知識と道徳を進展させ、人がそれぞれ自ら独立し、社会と交わり、人を害することも人から害されることもなく、自分の権利を確立して、社会の安定と繁栄をはかっていくことを言うのである。しかし、これまでの内乱、内戦、主君の敵討ちなどはこの文明の精神にかなっているだろうか。

この内乱、内戦に勝ってその敵を倒し、この敵討ちを遂げてその主人の面目を立てれば、この世の文明は開かれ、商工業も興り、社会の安全と繁栄がはかられるとの目的があるのであれば、討ち死にも敵討ちももっとものこととなるかもしれないが、彼らにそういう目的はなかったであろう。また、忠臣や義士たちにもそれほどの気持ちはなかったであろう。ただ何かの縁のつながりがあって主人への義理を果たしたまでのことである。

主人への義理を果たして命を捨てた者を忠臣、義士と言うのならば、今でもそういう人はたくさんいる。

例えば使用人の権助が主人の使いに行って、一両のお金を落として途方に暮れ、主人に申し訳ないといって、木の枝にフンドシをかけて首をくくるような例は珍しくもない。今、この忠義な使用人が自ら死のうと決する時の心中を思えば、憐れみをもよおす。使いに出たまま帰らず、身は死してしまう。長く英雄として涙を流させる話ではないか。主人の依頼を受けた一両ものお金を失い、君臣の義務を果たすのにわが死をもって償うというのは、古今の忠臣、義士と比べても恥じるところはまったくない。その忠誠心は月日とともに輝き、その名は永遠に残るはずである。しかし、世の中の人は薄情でこの権助を軽蔑し、忠孝の碑を建ててこれを讃え、あるいは神社を建立し祀る者もないのはなぜだろうか。

人は言うかもしれない。「権助の死はわずか一両のために死んだのであり、事として小さすぎる」と。しかし事の軽重は、金額の大きい小さいや人数の多い、少ないで論じるべきではない。それが世の中の文明に役立つものかどうかで決めるべきである。

そうすると、忠臣や義士たちが一万の敵を殺して討ち死にしたのと、権助が一両のお金を失って首をくくったのを比べると、その死が文明に役立つかどうかの点ではまったく同じである。いずれが軽く、いずれが重いとも言えず、義士も権助もともに命の捨て所を知らなかったと言うべきである。したがってこれらの行動は「殉教」と言うことはできない。

私の知るところでは、日本において国民の権利を主張し、正しい道理を唱えて政府に迫り、その命を捨て最期をまっとうし、世界に対して恥じない殉教を遂げた者は、ただ佐倉宋五郎一人である。ただし宋五郎の伝説は世間に流布する草双紙のみであり、詳しい正史はまだない。いずれ可能な時にこれを書き記し、その功績と徳を表彰し、国民の模範としたいものである。

暴政に対してとるべき行動

× ただ政府に屈して従う

人の使命に反する

後世に悪例を残し
悪い気風となってしまう

× 力で政府に敵対する

一人では無理なので
徒党を組むようになる→内乱

事の善悪は関係なく
力の強弱の問題になってしまう

成功しても
前より良くなるとは思えない
（暴をもって暴に代え、愚をもって愚に変える）

◎ 正しい道理を守って身を捨てる

天の道理に従い行動する

苦痛に耐え、志を挫くことなく
ただ正しい道理を主張し、迫る

良い政策や法までだめにすることがない

採用されなくても世間の人たちの心に広まる

**同じ国の役人だから自らの過ちを悔い
心の底から改心する**

六編で赤穂の四十七士を義士と言うべきではないと述べ、この七編では忠臣や義士は命の捨てどころを間違ったと述べている。そして、この死は世の中の利益になることはなく、主人の使いでお金を失って木の枝にフンドシをかけて詫びた使用人の権助と同じだと断じた。この論述が当時、世論の反感を招き、大変な騒ぎとなったという。楠木正成《くすのきまさしげ》と権助を同じに見るとは何事だ、というのである。そのため福沢諭吉の身の安全まで心配されるほどであったようだ。

そこで諭吉は、五九楼千万《ごくろうせんばん》（とてもご苦労さまでございますの意）の名を使って、新聞上で弁明の文を書いた。

その際にも、「仮に楠木正成をして今の日本にあらしめたら、正成は湊川《みなとがわ》の一死をもって満足することなく、必ず千辛万苦《せんしんばんく》して自国の独立を全うすることに努めたであろう」と、日本の独立、国益を忘れることのないように国民に訴えている。名前の付け方にも意地が見えて、諭吉の負けん気が伝わってくるようだ。

岩波文庫の解題で小泉信三はこう述べた。

「忠臣義士たちの死が、愚直なる忠僕の死とその死たる一事において択《えら》ぶところなしと見ることは人の自由であるが、忠臣にせよ忠僕にせよ、苟《いやしく》も人の誠実なる死を論ずるに嘲笑の語句をもってしたことは無用の過言で、人の当然の怒りを招くところであり、今日福沢門下の者が数十年後に読んでも、必ずしもその文を快しとのみは感じられぬ。当時世論の攻撃を受け、従って弁明を余儀なくされたのは、幾分は福沢において自ら求めたきらいのあるものだった」（小泉信三『福沢諭吉』岩波新書参照）。

とはいうものの、やはり福沢門下生として優れた学者であり文章家である小泉信三は、六編、七編における諭吉の主張自体は間違っていないものであることを忘れないように注意を促している。

この事件は『学問のすすめ』の小編が世間を騒がすほど読まれていたことを示すものとして見ることもできる。文章も書きすぎる嫌いはあるが、だから注目を浴びたことも間違いない。

再び小泉信三の文である。

「『学問のすすめ』の思想内容は当時の日本人にとり警抜大胆《けいばつだいたん》を極めたものであったが、この書があれほどにまで時人を覚醒刺激したことについては福沢の文章というものを度外視することは出来ぬ。彼の比類なき雄弁の文であった」（『学問のすすめ』岩波文庫）。

Column

『西洋事情』

アメリカに行った翌年の1860年（文久元年）、福沢諭吉は幕府の欧州使節派遣の随行員翻訳方に加わり、約一年間ヨーロッパを体験する。

このときにヨーロッパの社会の仕組みをたんねんに調べ、記録したものを中心として出版したのが『西洋事情』である（1866年、慶応二年）。

言葉は知っていてもどうやって運営されているのかがわからない日本人たちに、病院の入院費のこと、銀行のお金の出し入れのこと、郵便の法律のこと、徴兵制のこと、選挙のことなどを聞いてまわって理解したという。

議院とはどんな役所かと聞いても、相手は笑ってばかりで教えてくれなかったという。当たり前のことを聞くなということであろう。また、政党が別で、敵といいつつ同じテーブルで酒を飲んでいるのがまったくわからなかったとも自伝に書いている。

そのころ日本は、開国と攘夷で大変な騒ぎであったが、その相手たる西洋のことは誰も知らなかったのである。坂本龍馬、西郷隆盛、大久保利通、高杉晋作、大隈重信、そして徳川慶喜もこの本を読んだ。

この『西洋事情』が出て初めて、どんな国々で何をやっているのかを知ったというのだから、おかしなものである。

しかし今の日本人がこれを笑えるかは疑問のあるところではある。

第八章　八編

（明治七年四月　出版）

――自分の心と体は
自分の幸せの実現のためにある――

1　自分の心と体は何人にも左右されない。

アメリカのウェイランド書いた『モラル・サイエンス（倫理学）』という本の中に人の心身の自由を論じている部分がある。

その大意は「人間は他人とは別の独立した身体を持っていて、自分でその身体を動かし、その心を働かせ、自分自身を支配し、自分のなすべき仕事に励むべきものとしてつくられている」というものである。

したがって第一に、人にはそれぞれ身体があるということだ。身体をもって外の物と接し、その外の物を取り扱うことで、自分の求めていることを達成する。例えば種をまいて、コメを作り、綿を採って衣服をつくるようなことである。

第二に、人にはそれぞれ智恵がある。智恵を使って物の道理を発明する。したがって、事を成すときに間違えないようにできる。例えば米を作るためにいかに肥料を与えるかを考え、木綿を織るのに機織《はた》りの機械を工夫したりするようなことである。

第三に、人にはそれぞれ心に起きる欲望がある。欲望は心身の働きを促し、この欲望を満足させることで幸福を感じる。例えば人として美衣、美食を好まない者はいない。しかしこの美衣美食はそこらに自然にあるものではない。これを得るためには働かなくてはいけない。

こうして、人が働くのはこの欲望があるからである。この欲望がなければ働くこともしない。働くことがなければ安楽も幸福も得られない。禅坊主などは働くこともないので、幸福も感じられないであろう。

第四は、人にはそれぞれ生まれながらの誠実な心がある。この誠実な心が欲望を制御し、その方向を正しくして、行き過ぎないようにしている。例えば欲望には限りがないので、美衣美食もどこまでが十分なのかわからない。今、仮に働くべき仕事を放っておいて、ひたすら自分の欲を満たそうとすると、他人を害しても自分の利益を手にしようとするだろう。これが人間なのだなどと言ってはいけない。こういう時に欲と道理を分別し、欲の行き過ぎを抑え、道理の方に自分を引っ張ってくれるのが、人間本来の誠実な心なのである。

第五に、人にはそれぞれ意志がある。意志は事を成すための志を立てる。例えば大きな事は物のはずみでできるものではない。善いことも悪いことも、人がこれをやろうと意志を持ったからできるものなのである。

以上の五つのものは、人に欠くことのできない性質である。これらの性質の力を自由自在に使って、一身の独立ができるのである。

ところで、独立というと一人世の中にあって、人とつき合わない奇人、変人のようなものと見られるかもしれないが、そうではない。人として世の中を生きれば、友は必ずできるだろう。私が友を慕えば、友も私と親しくしたいと思うはずだ。世の中のつき合いというのは相互《あいたが》いなのである。

しかし、先の五つの力を使うにあたっては、天が定めた法に従って、自分の分限を越えないことが大切なのである。その分限とは、自分はこの五つの力を使うが、他人もこの五つの力を使っていて、お互いにその働きを妨害してはならないということである。

このようにして人が自分の分限を守って世の中を生きていけば、人に責められることも、天に罰せられることもない。これを人間の権利と言うのである。

人は、他人の権利を妨げなければ、自由自在に行動してよいのである。行きたいところに行く。居たいところにとどまる。働いたり、遊んだりするのも自由である。この事業をやるのも、他の事業をやるのも自由である。一日中勉強するのも、何もしないで一日中寝るのも、すべて他人に関係のないことであって、他人からあれこれ言われる筋合いではない。

以上のような考え方に反対して、人は、道理が正しかろうが正しくなかろうが、他人の心に従って行動すべきものである、と主張する人もある。自分の考えを出すのは良くないと言うのである。この考え方は正しいものであろうか。正しいとすれば、世界中で通用する考え方であるはずである。

ここで一例を挙げて論じてみたい。

天皇様は徳川の将軍様よりも貴いから、天皇様の心でもって将軍様の身を勝手に動かし、「行きたい」と思っても「止まれ」と言えるし、「止まりたい」と思っても「行け」と言えることになる。また、寝るのも起きるのも、飲み食いも、将軍様の思うようにはできないことになる。同じように、将軍様は各大名を支配し、自分の意のままに動かすことができる。

大名は自分の心をもって家老の身を自由に動かし、家老は自分の心をもって用人を動かし、用人は徒士を動かし、徒士は足軽を動かし、足軽は百姓を自由に動かすことになる。百姓となると、もう下の者もないため当惑してしまうが、もともとこの考え方が人間世界に通用する当然の理というならば、次のように考えられることにならないだろうか。

それは知恩寺の「百万遍の数珠《じゅず》の玉」の道理のように、輪になってつながっているのだから、順番に回っていけば元に戻るしかないということだ。つまり、百姓だって人間である。天皇様も人間である。遠慮はいらないとして、百姓の心をもって天皇様の身を思うように動かし、「行幸したい」と思えば「止まれ」と言い、「ここにとどまりたい」と思えば「帰れ」と言い、寝食についても百姓の思いのままで、華美な衣食もやめさせて麦飯を食べさせるようにすることもできるということである。

こうなると、日本国中の国民が自分の体を自由にする権利がなくて、かえって他人を自由に動かす権利を持つことになる。人の心と体がまったく別のところにあるようになり、自分の体は他人の心を泊める宿のようなものとなってしまう。

酒の飲めない者の体に酒飲みの心を入れ、子供の体に老人の心を入れ、盗賊の心は孔子の体を借用し、猟師の心は釈迦の体に泊まるようなものである。

酒の飲めない者は酒を飲んで愉快となり、酒飲みは砂糖湯を飲んで満足し、老人が木登りして遊び、子供は杖をついて人の世話を焼き、孔子が門人を率いて強盗を働き、釈迦は鉄砲を持って殺生をしにいく。

いかにも奇妙ではないか。おかしなことではないか。これを天の理、人の情と言うのか。これを文明開化と言うのか。三歳の幼児でも答えは簡単であろう。

数千百年の昔から、和漢の学者の先生たちが上下、貴賤の身分のことをやかましく言ってきたのも、つまるところは他人の心を自分の身に入れようとの狙いがあったのではないだろうか。

これを教え、説き、涙を流して論じて今日に至った。その功徳《くどく》が出て、大は小を制し、強は弱を圧倒するという社会の風俗となったのを見ると、和漢の学者の先生たちも鼻が高いだろう。神代の神々や中国古代の聖賢も、草葉の蔭で満足しているにちがいない。

人の心身の特性

1. 心身をもって自分の求めていることを達成する
2. 智恵を使って物の道理を発明する
3. 欲望を満足させることで幸福を感じる
4. 誠実の心が欲望をコントロールし行き過ぎないようにする
5. 意思をもって事を成しとげる

5つの力の使い方

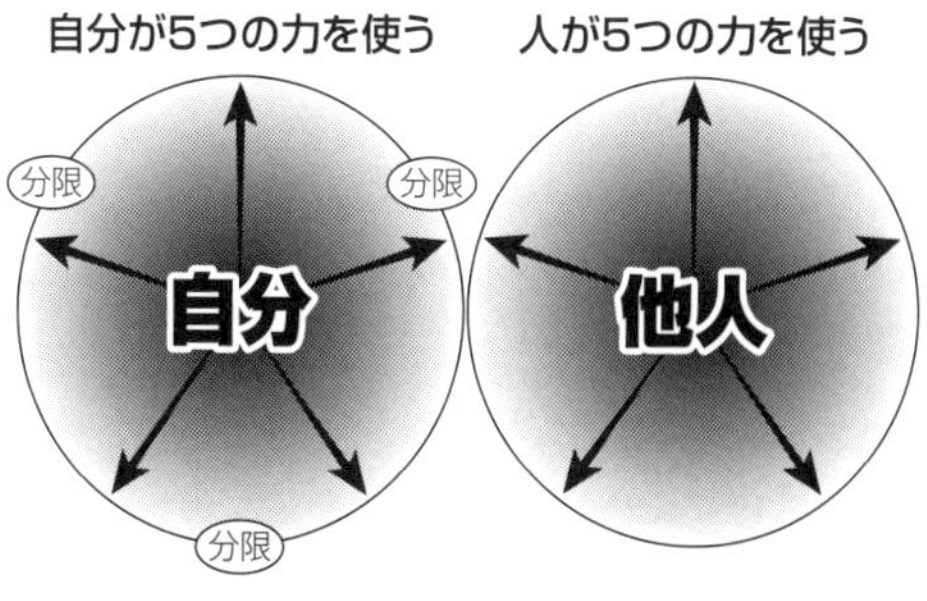

自分も5つの力を使うが他人も5つの力を使う
他人の権利を妨げなければ何をしてもよい

2 間違った道徳の教えは正《ただ》す。

ここでその功徳の一、二を見てみたい。政府の力が強くて、国民を制圧することについての議論は前編で述べたので、ここでは省略する。ここでは男女の問題を取り上げてみる。

そもそもこの世に生まれた男も、女も、人間である。この世には男と女がいなければならず、その必要とされる度合いは同じである。ただ違うところは、男は力が強く、女は弱いということである。大人の男の力で女と闘うとすると、男が必ず勝つだろう。これが男と女の同じでないところである。今世間を見ると、力ずくで人の物を奪ったり、人を辱めたりする者は罪人として刑を科される。しかし家の中にあっては、公然と人を辱めてもこれを非難しないのはなぜだろうか。

『女大学』という書物には、女性に三従の道があると説かれている。すなわち、幼い時には父母に従い、嫁になったら夫に従い、老いては子に従え、というものである。幼い時に父母に従うのはもっともだが、妻になったら夫に従うとは、どのようにすれば従うことになるのだろうか。その従い方を問わなくてはいけない。『女大学』によると、夫が酒を飲み、女遊びをし、妻をののしり、子を叱って放蕩淫乱を尽くしても、妻はこれに従い、このふしだらな夫を天のごとく尊敬し、優しい顔で、温かい言葉で夫に意見せよ、とだけあり、その先のことは書いてない。

この教えの言いたいことは、ふしだらな男でも浮気男でも、いったんわが夫となった以上はいかなる恥辱を受けようとも、これに従わなくてはならないということである。女には心にもない優しい顔をして意見をするという権利しかないというのである。そして、その意見に従うかどうかはふしだらな夫の心次第であって、この夫の心を天命と思うより他ないのである。これを見ると、女は生まれながらに大罪を犯した罪人と同じではないか。

また、男の方より女を責めることはなはだしい。『女大学』には妻の「七去」というのがある。その中の一つには「淫乱なれば去る」と書かれている。男のためにはいかにも便利なものである。しかし、あまりにも片寄った教えである。男の力は強く女は弱いというところから、腕の力の差をもとにして男女上下の差別をつくったという教えなのである。

以上は夫婦の話だが、妾の問題もある。

この世に生まれてくる男女の数は同じである。ある西洋人の調査によると、男が女よりも多く生まれ、男二十二人に対し、女二十人の割合になるという。しかし、いずれにしても一人の男が二人や三人の女を妻にするのは天の理に背くことは明らかである。これを鳥・獣《けもの》と言っても差し支えない。

同じ父母から生まれた者を兄弟と言い、父母兄弟一緒に住むところを家と言う。しかし、父を同じくするが母が異なる兄弟がいて、父は一人で母が何人もいるようなところを家と言っていいのだろうか。そもそも家という字はそういう意味ではないだろう。たとえその建物が立派で宮殿のように堂々たるものであっても、部屋が豪華でも、私が見るとこれは人の家ではない。家畜の小屋と言うしかない。妻や妾たちが一緒に住んで家の中が仲睦まじい例など、昔より聞いたことはない。

妾といえども人の子である。一時の欲望のために人の子を自分の自由にし、一家の風俗を乱して、子孫の教育を害し、禍いを世の中に流し、毒を後世に残すのである。これこそ罪人であろう。

ある人は言うかもしれない。「妾を多く養っても、待遇よくすれば人情を害することがないので、いいのではないか」と。これは孔子の言葉である。しかしこれが認められるならば、一人の女が多数の男を養い、これを男妾と名づけることを認めるべきであろう。これでうまくいき、家も平和で、人間づき合いも害することがないのであれば、私はもう何も言うまい。しかし、世の男たちはよく自分を顧みるべきである。

ある人はまた言うかもしれない。「妾を養うのは子孫を残すためである」と。孟子の教える不孝の三つのうち一番大きな不孝は子孫を残さないことであるとされている。しかし、私は言いたいのである。天の道理にもとることを言うものは、孟子であろうと孔子であろうと遠慮することはない、これを罪人とさえ言えばいいのだ、と。

結婚して子が産まれないからといって、大不孝とは何事であろうか。無責任な言葉もいいところである。卑しくも人としての正しい心を持つ者であれば、孟子の言葉の無茶苦茶な言葉を信じることはないだろう。

もともと不孝というのは、子供として道理に背いた行いをし、親の心身を苦しめてしまうことを言うのである。もちろん、老人の心には孫の生まれることは喜びであるが、孫の誕生が遅いといってこれを子の不孝と言うのはおかしい。

世の父母に問いたい。わが子に良縁があってよい嫁を迎え、その嫁に子が産まれないからと怒ってムチを打ち、あるいはこれを勘当したいと思うだろうか。世界広しといえども、このような奇人がいるとは思えない。これこそ当たり前のことであり、論ずるまでもない。人それぞれが自分の心に問うて、素直に考えれば答えは出てくるはずだ。

親に孝行するのは人として当然のことである。老人に対しては他人であっても親切にしてあげなければならない。ましてや、自分の父や母に対し情を尽くさない者がいようか。それは利益のためや名誉のためではない。ただ自分の親ということで自然の気持ちから出て孝行するのである。

昔から孝行を勧める話は実に多い。中国の「二十四孝」の話をはじめとして、本が数え切れないほどある。

しかしこれらの書を見ると、十中八九は人間にできないことを勧めるか、くだらなくて笑ってしまうようなことを説くか、ひどいものになると道理に背いたことを誉めて孝行としているものもある。

寒い日に鯉《こい》が食べたいという母のために裸になって、氷の上に伏せて氷がとけるのを待つという話など、人間にできることではない。夏の夜に、自分の体に酒を塗り蚊に喰われ、蚊から親を守ろうとするよりも、酒を買うお金で蚊帳《かや》を買うのが賢いではないか。

また、父母を養うだけの働きがないからといって途方に暮れて、罪のない子を口減らしのために生きたまま穴に埋めようとするその心は、鬼と言うべきか、蛇《じゃ》と言うべきか。天の理、人の心をここまで害することはないものと言える。別のところでは子を産まないのを一番の大不孝と言いながら、ここでは産まれた子を穴に埋めて後を絶とうとする。矛盾したいいかげんな教えではないか。つまりこの教えも、親と子の上下の身分を明確にして、無理やりに子を責めるものである。

なぜこう責めるのかというと、妊娠中に母を苦しめ、生まれて後は三年間も父母の懐で育ち、その恩はいかにも大きいと言うのである。しかし、子を産んで子を養うのは人類だけではない。鳥や獣《けもの》も同じである。ただ人間の父母が他と違うのは子に衣食を与えるほかに、これを教育し、社会生活の方法を教えるという一事にある。

ところが、世の中の父母にはたくさん子を産むが、子に教育する方法を知らず、自分は放蕩して遊び回り、子たちに悪い手本を示している。そのうえ家を汚し、財産を失って貧困に陥り、気力も衰えてきてお金がなくなってしまえば放蕩もできなくなり、ただ愚かな頑固者に変わってしまったりする。そして子に向かって孝行しろと責めるのはどんな人間なのであろう。厚かましくもハレンチ極まりないことである。

父は子の財産を貪り、母は嫁の心を悩ませる。父母の心で子供夫婦の身を支配し、父母の間違っていることを子供はただすこともできず、嫁はあたかも餓鬼地獄に堕ちたように自分の自由はないのである。

嫁が一つでも父母の意に反したことをすると親不孝と言い、世間の人もこれを見て、心の中では無理なことと思いながらも、自分のことではないことから、親のおかしな言い分に味方してその子を咎めるのである。中には、道理がどうであろうと親をうまく騙しておけばよい、との悪智恵を教える人もある。果たして、これが人の家庭の正しいあり方であろうか。

「姑の良き手本は、自分の嫁の時にある」と、私はかつて述べたことがある。つまり、姑がもし嫁を苦しめようと思ったときは、昔自分が嫁であった時のことを思い出してほしいということである。

　以上は、上下貴賤の身分から生じる弊害であって、夫婦、親子の二つの場合を考えた。この弊害は世の中に広まっていて、社会の様々なところで悪影響を及ぼしている。その例は次編で述べたい。

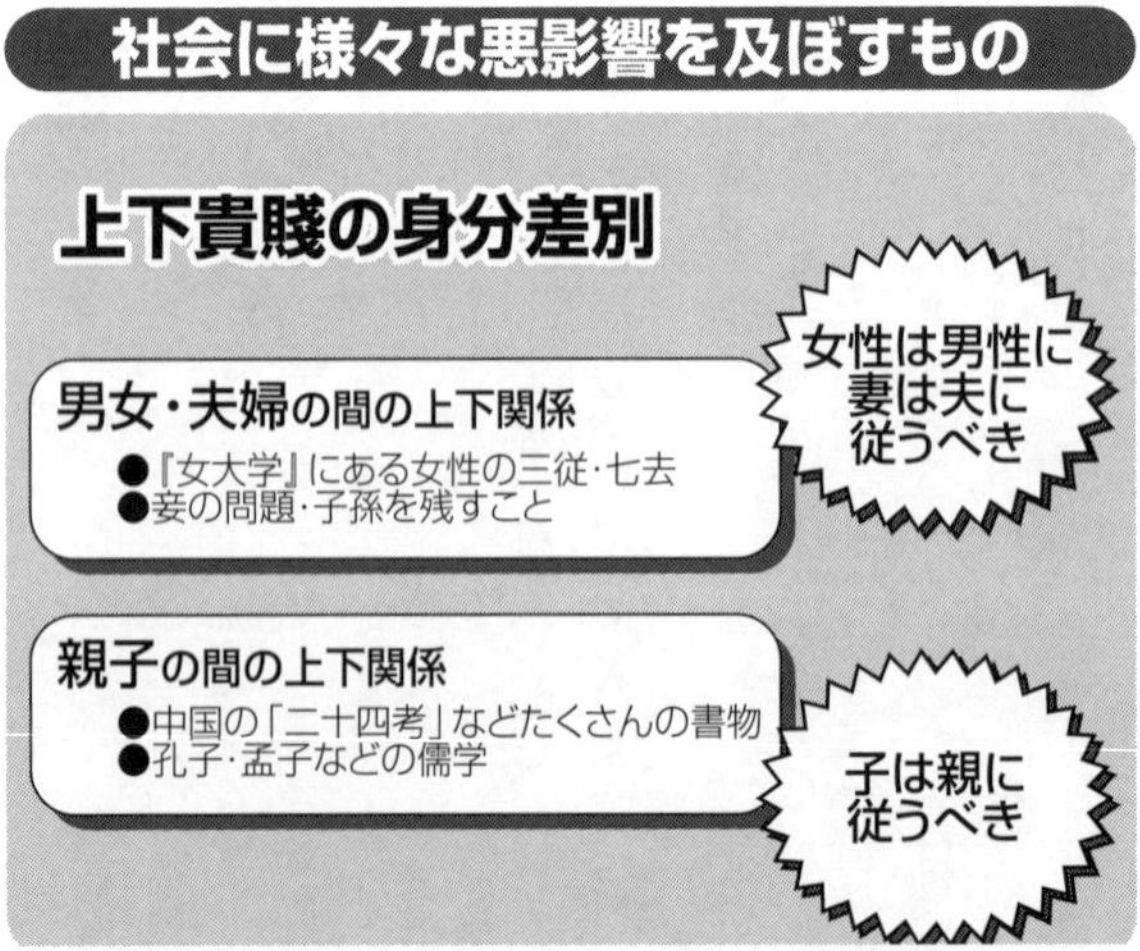
社会に様々な悪影響を及ぼすもの
上下貴賤の身分差別
男女・夫婦の間の上下関係
●『女大学』にある女性の三従・七去
●妾の問題・子孫を残すこと
女性は男性に
妻は夫に
従うべき
親子の間の上下関係
●中国の「二十四考」などたくさんの書物
●孔子・孟子などの儒学
子は親に
従うべき

八編では、福沢諭吉は、人は自分の心と体を誰からも支配されるものでなく、自分の幸せを実現していくために自分で支配するのだということを説いている。

この大原則に異なる教えは、たとえ孔子や孟子の教えとして昔から大事にされてきたものといえども遠慮することはない、「ノー」と言え、と力説している。

最初に紹介するアメリカのウェインランドの分析も参考になる。

①身体、②智恵、③欲望、④誠実な心、⑤意思と志。この五つのものを自在に使いこなして、初めて一身の独立ができると言う。

ただし、自在に使うといっても、他人の権利を妨げない範囲であることはもちろんである。日本を含めたアジアの国々では昔から、他人の心や考えを尊重しろという伝統があった。これを正せと説いている。

ただしこれを厳密に言うと、欧米でもかつては同じであった。教会に拘束されたり、階級による差別が激しかったりした。自由を求め独立したアメリカでも奴隷制は存続し、インディアンは迫害された。自分の心と体を自由に扱い、自らの幸福を求めるという当たり前のようなことが、今でも人類の課題であることは変わりないのである。

Column

男女同権

人類の歴史では長く男尊女卑の思想があった。『学問のすすめ』の後にできた刑法には姦通罪の規定があったが、日本国憲法制定とともに削除された。わずかに数十年前のことである。福沢諭吉の考え方は、その後の日本の法律よりもどんどん先に行っていたことがわかる。

日本よりも儒教の伝統が強い韓国では、その後も姦通罪は設けられていた。

しかし時代の流れは早く、今や日本においては女性が男性を凌ぐ時代となった。特に子供時代、そして夫婦間においては、男は女に頭が上がらないのが一般的になりつつある。

福沢諭吉は天国で、「ようやく私の教えが浸透してきた」と喜んでいるだろうか。孔子は、「だから私が説いた教えを守るべきだったのだ」と自信を深めているだろうか。

諭吉と並ぶ明治の巨人渋沢栄一は、論語を信奉していた。そして、自らも大部の本を書いた。その本の中で渋沢は、男女同権論を展開し、孔子先生が今の世を生きておられたら、温故知新の進取主義を抱くお方であるから、男女同権を認めようとするだろうと述べている。

そういう渋沢栄一ではあるが、女好きで有名で、数名以上の女性を妾にしていたという。福沢諭吉からすると孔子に悪影響を受けた代表人物ということになる。

時代と人の不思議を思わざるを得ない。

第九章　九編

（明治七年五月 出版）

――志を高く持ち、社会に貢献する人となれ――

1　志を高く持ち、社会に貢献する人となろう。

人の心身の働きを詳しく見ると、これを二つに分けて考えることができる。第一は、自分一人の人間としての働きである。第二は、人間社会における働きである。

第一　心身の働きによって衣食住の安定を得ること、これを自分一人の人間としての働きという。

現在自然界にある万物すべては、一つとして人間に役立たないものはない。一粒の種を蒔けば二、三百倍の実がなり、山奥の樹木は手をかけずともよく成長し、風は風車を動かし、海は運送に役立っている。山の石炭を掘り、海や川の水を汲み、火と水を使った蒸気の力で大きな船や汽車を自由に動かす。

こうした自然界の優れた働きを挙げればきりがない。人はただ、この自然界の働きの中でその力を借り、ほんの少しだけ手を加えるだけで自分たちの利益としているのである。だから人間は、衣食住の安定を得るために、自然界で用意された九十九パーセントのものに、一パーセントだけ人の力を加えているだけなのである。人はこの衣食住を「つくる」と言ってはいけないのである。実際のところは道端に捨ててあるものを拾うようなものだからだ。

したがって、人として自分で衣食住を手に入れることは難しいことではない。これができたからといって自慢することでもない。もちろん生計の独立は人として重要なことである。「汝《なんじ》の額の汗をもって、汝の食を喰らえ（自分で汗を流して、自分の食を手に入れよ）」というのは昔の人の教えである。しかし、私はこの教えを守ってそれができたとしても、それだけでは人としての責務が果たせたとは言えないと考える。この教えはただ、人を鳥や獣《けもの》より劣るものにしないという、それだけのことである。

鳥や獣《けもの》、魚や虫、すべて自分で食を手に入れている。アリにいたっては、先のことまで考えて穴を掘って巣をつくり、冬の日のための食料を貯えているほどだ。世の中にはこのアリと同じことをやっているだけで満足している人もいる。

一例を挙げてみよう。

男子が成人となり、商工業あるいは役人の仕事を得て、ようやく親たちの援助なしで生活できるようになったとする。身に合った衣食で他人への義理も欠かず、借家から何とか自分の家を建てられるようになった。大した家具は備えなくても、まず結婚をということで望み通りに若い女性と結婚して落ち着いた。生活は倹約しつつ、子供も多く産まれたが一通りの教育は受けさせ、病気などの不時の出費のための貯金もできた。こうして自分の家を守ることができ、自ら独立の生活を手にできたと満足している。世間の人もこれを見て大した人物だと誉めてくれて、自分も大きな手柄を立てたかのように思ったりしている。

しかし、果たしてこの人は立派な人物なのであろうか。そうではないだろう。この人はただ、アリの門人と言うべきである。その生涯にやったことと言えば、アリの仕事と変わらない。その衣食を得て、家を建てるには額に汗を流したであろう。胸を痛めたこともあるだろう。そういう意味では昔の人の教えに恥じるところはない。しかし、このことだけで万物の霊長たる人間としての目的を達した者と言うことはできないのである。

先の人のように、自分の衣食住を得てこれで満足すべきであるというのなら、人間の一生とは、ただ生まれて死ぬだけのことである。死ぬときの状況は生まれたときの状況と変わらないのである。こうして子孫も同じようにしていくならば、何百代たっても一つの村の状況は昔から同じ状況であり続ける。

世の中のためになる工業を興すものもなく、船を造る者もなく、橋を架ける者もなく、自分のことと自分の家のこと以外にはすべて関せず、自然にまかせ、その土地に人間として生きた痕跡を残さないのである。

西洋の人は言った。「世の人皆が自分の満足だけを求め、それで喜ぶようであれば、今日の世界は天地創造の時代と異ならない世界であるだろう」と。まことに正しいことを言っている。

もとより満足には二つある。この区別も間違ってはいけない。人間は、一つを手に入れると次のものが欲しくなり、どこまでも不足を覚えて、飽くことを知らないところもある。これが欲望であり、野心であり、良くないことはもちろんである。

しかし、これまで述べたように自分の心身の働きを推し拡めず、人としての本来の目的を達成しようとしない者は、無知の愚か者と言うしかない。

第二　人間の性質は群をなして集まる傾向があり、一人で独立して生きるのを好まない。

夫婦、親子の結びつきだけでは満足できず、広く他人と交わり、その交わりが広くなればなるほど自分の幸福感を満足させることができる。これが人間の社会がつくられていく理由である。こうして世の中に生きてその社会の一員となる以上、それに伴う義務も出てくるのである。

およそ世の学問といい、工業といい、政治といい、法律といっても、すべて人間の社会に必要なものとして存在しているのである。社会がなければ不要なものである。政府が法律を施行するのは、悪人を取り締まり善人を保護し、そして人が社会を自由に、安心して生きていけるようにするためである。学者がなぜ本を書き、人に教育するのかというと、後に続く人たちの知識、見識を高めて社会をよりよくしていくためである。

大昔の中国人は言った。「天下を治むること、肉を分かつが如く公平ならん（政治は、食事の肉を皆で公平に分けて食べるように、民に公平でなくてはいけない）」「庭前の草を除くよりも天下を掃除せん（庭の草を抜くよりも、世の中をきれいに掃除したい）」と。これらの言葉も人間の社会を良くしていきたいという強い思いから出てきているのである。

どんな人間でも、何か少しでも自分にできることがあれば、これを世の中のために役立たせたいと思うのが人情というものだ。また、世の中のためにするという明確な意識はなかったとしても、気づかないうちに後の世の人がその恩恵を受けることもある。人間にこうした性質、心情があるからこそ、社会における義務も果たされているのである。

昔からこういう人たちがいなかったら、私たちは今の世界中にある文明のすばらしい恩恵を受けることはできなかったであろう。親から受け継ぐ財産を遺産と言うが、遺産はただ土地や家財などに限られ、これを失えば跡形もなくなる。

しかし社会の文明は違う。世界中の祖先を一人と見なして考えると、この人が今の私たちに残してくれた遺産が文明なのである。この遺産の大きなこと、土地や家財と比べようがない。しかし今、私たちがそのことを感謝したくても、その相手はすでにいないのである。

このことは、例えば人間が生きていくのに必要な日光や空気を手に入れるのにお金を払わないのと同じようなことである。この物は貴いものだけれども、所有者はいない。ただ昔の人たちの隠れた徳による恩恵なのである。

人間の歴史が始まったころは、人間の智恵というものもまだなかった。生まれたばかりの赤ちゃんが、まだ何も知識を持っていないのと同じようなものである。

例えば麦を作りこれを粉にするためには、始めは石ころと石ころでもってこれをついて砕いていた。その後、人は工夫し、二つの石を丸く平らな形にしてその中心に小さな穴を空け、一つの石の穴に木か金属の心棒を差しこの石を下に据えて、その上にもう一つの石を重ね、下の心棒を上の石の穴にはめるようにした。この石と石の間に麦を入れて上の石を回し、その石の重さによって麦を粉にするようにしたのである。これがひき臼の仕組みである。

昔はこのひき臼を人の手によって回していたが、後になると臼の形も次第に改良されて、それを水車や風車の力で挽くようになった。さらには蒸気の力を使うようにもなって、ますます便利になっていった。すべてがこのように、世の中がだんだん進歩していく。去年の新工夫も今年は陳腐なものとなる。

西洋諸国の進歩はめざましく、まさに日進月歩の勢いである。電信・蒸気機関、その他たくさんの機械など、新しいものが出たと思えばすぐ改良されて新しいものが出る。毎日、毎月、新しいものが出ないことはない。これは有形の機械だけのことではない。人間の知識が大きくなればその交際も広くなる。人と人との交際が広まっていけば、人の心をだんだん和らいでいくことになる。国際関係に関する法や習慣が世界にますます定着すれば、軽率に戦争を起こすこともなくなるだろう。経済についての議論がますます盛んになれば、政治や経済政策も大きく変わるであろう。学校の制度、本の体裁、政府の政策決定、議会での討論がますます変わっていき、その水準は高まるばかりである。

試みに西洋文明の歴史を読んでみてほしい。その始まりより西暦一六〇〇年代まで読んで本を閉じ、次に二百年間を飛ばして一八〇〇年代のページを開いてみてほしい。すると、いかに文明の進歩が速いか驚いてしまうにちがいない。これが同じ西洋の歴史とは信じがたいであろう。ではこの進歩の原因は何なのか。

それは昔の人たちの遺産であり、先人たちが残してくれた恩恵なのである。わが日本の文明は、その始めは朝鮮、中国より渡ってきたものであり、そこから日本人の切磋琢磨があって、近世を迎えるようになった。洋学については、宝暦年間（一七五一年〜一七六四年）からである。『蘭学事始《らんがくことはじめ》』という本を見てほしい。

最近になって外国とのつき合いが始まって、西洋の学問や思想がやっと入り始めてきた。そして洋学を教える者、洋書を訳する者も出てきた。このため世の人々の考え方も大きく方向転換し、政府も変わり、各藩もなくなり現在のようになった。わが国の文明が開化したのも昔の人たちの遺産であり、先人の人たちが残してくれた恩恵なのである。このように、昔の時代から、世の中のために心身を惜しむことなく尽くしてくれた有能な人は少なくなかったのである。

今この人たちのことを思うと、どうしてただ衣食住が豊かであるということだけで自分を満足させる人たちではなかったのがわかる。彼らは人間社会における自分の使命や義務を重んじていて、その志を大きく掲げてそれに向かっていったのである。今、学問を志している者たちはこの昔の人たちの文明の遺産を譲り受けて、まさしく文明進歩の先端に立っているのである。だからその進むべきところに終わりはないのである。今から数十年たった後の世になった時、今私たちが先人を尊敬するようにその時の人々に私たちの努力と功績を誉めてもらいたいと思うのである。

まとめると、私たちの責務は、今この世において生き生きと活躍した跡を残し、これを永く後世の人たちにも伝えるということである。その責任は重いと言えよう。ただ数冊の学校の教科者を読み、商工業に就き、あるいは小役人となり、年に数百のお金を得て、妻子を養うだけで満足してはならないのである。これはただ他人を害さないだけのことであり、他人に役に立つことではないのである。

ただ、有能な人も時機を得なければその力を発揮することができない。古今においてそうした例は少なくない。わが郷里でも俊英の人材は多くいたことを私は知っている。現在の文明の見方から彼らを評すると、その言行や生きる方向は誤っていることが多かったが、それは時代のせいでしかなく、彼らの責任ではない。彼らは事を成す気力も十分あった。しかし、不幸にして時機を得ることができなかったのである。才能を内に持ったまま生涯を終えていった。そして、ついに世の中に大きくその才能を活かし貢献することができなかったのは、残念でしようがないことである。

しかし今は違う。前にも述べたように西洋の学問や思想が拡まり、ついには旧幕府が倒れ、各藩を廃止した。

この変化は、ただ倒幕の戦争がもたらした変化と見てはいけないのである。文明というのは、わずか一回の戦争でどう変わるというものではない。だからこの変化は戦争による変化ではない。文明の力によってもたらされた、人心の変化なのである。

戦争は七年前に終わって、今はその痕跡は何もない。しかし、人心の変化は今も続いている。およそ動かない物はこれを導くことはできない。学問の道に進んで世の人心を導き、これをさらに高い水準に持っていくのに、今ほどの絶好の機会はない。

この絶好の機会に会えるのが今の学生たちなのであるから、世のために勉強に励まなくてはいけないのだ。

社会に貢献する人間

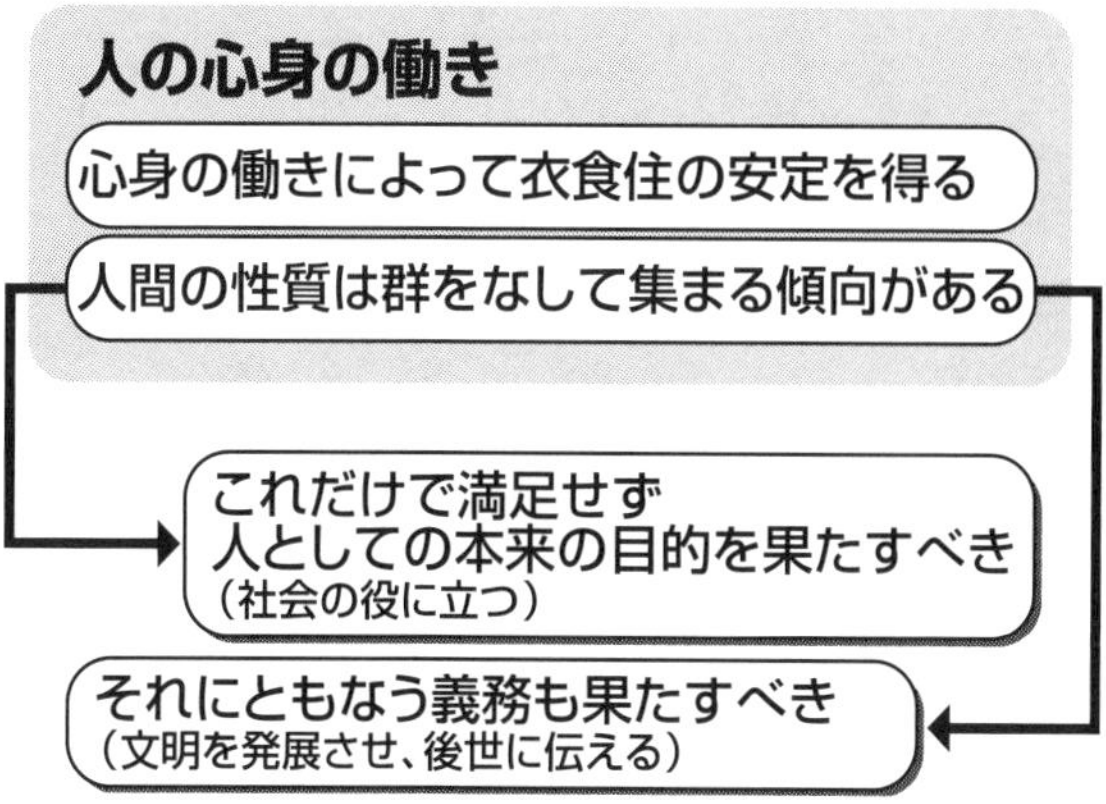
人の心身の働き
心身の働きによって衣食住の安定を得る
人間の性質は群をなして集まる傾向がある
これだけで満足せず
人としての本来の目的を果たすべき
（社会の役に立つ）
それにともなう義務も果たすべき
（文明を発展させ、後世に伝える）

九編は、福沢諭吉の熱い人生論が学べる。

人は何のために生きるのか。

封建時代が去り、自分の人生は自分で決めるという世が来た。この時代に君はただ、自分が食べ、家族を養い、家を構え、子をもうけたことだけで満足するのか。それでは、ただ生まれて死ぬだけのことであり、何もしなかったのと同じではないか。そう強く問いかけている。

『学問のすすめ』全体が、いかに学び、いかに生きるかの本である。それは、自分を思う存分活躍させ、そのことで生きがいを感じ、さらに世の中の役に立つためであると諭吉は言っているのである。

すべての学問もそうである。

ところが、人間として志の低い、価値の高められていない我欲の人は、ここを取り間違えているのだ。わが欲望それは財産であったり、名誉であったり、地位であったりするが、その自分の満足のために生きている人である。

例えば大学教授の名をもらったとたんに何も努力しない人がいる。何の研究もせず、何の発表もせず、ただ世渡りに気をつかっているだけの人である。こうした人は世の中を害する人と言ってよいだろう。学問は世のため、人のために役立つためにある。その先頭に立って学問をすすめるべき学者が、自分の義務を果たさずに偉そうにしている。

これではいけない。今を生きる人は、すべて先人の残してくれた文明の財産の恩恵を受けている。そのことも忘れてはならない。地位や名誉やお金にこだわる人ほど、このことを忘れてしまっているのである。何でも自分がやっていると都合よく錯覚しているのである。

福沢諭吉は感謝の人、人を思いやる心の広い大きな人である。先人への感謝も決して忘れない。だから若い人たちに向かって、志を持て、世の中のため、社会のために大きく貢献できる人物となれ、と励ますのである。

杉田玄白《すぎたげんぱく》の『蘭学事始《らんがくことはじめ》』を出版するのにも尽力したという。この本はオランダの解剖書『ターヘル・アナトミア』を『解体新書』として訳した苦労を中心に、蘭学の始まりのことを書いた本である。福沢諭吉はこの『蘭学事始』を読むたびに感涙にむせび、言葉を失い、先を読み続けられなくなったという。

先人の努力、苦心、誠心に感動し、自分も世のためにがんばるぞと心を振るい立たせたのである。合理的思考をする学者である諭吉だが、その人生論はとにかく熱いのである。

Column

生まれた時代

人は、いつどのような時代に生まれたかで生き方がまったく異なってくる。

福沢諭吉は、父と兄を優秀な儒学者に持ちながら、勉強を始めたのは十五、六歳であったという。身分にうるさい封建の世では、勉強しても意味がないと思っていたのかもしれない。しかし、幕末、明治維新を経た新時代に最も重要な働きをした人の一人となったのである。

もし、あと五十年も前に生まれていたら日本はどうなっただろうかと思う。福沢諭吉の、後世に残る偉大な業績は生まれなかったかもしれない。

身分の固定した社会では、その才能を思う存分に活かせないからだ。外国に行くことも、外国の書を読むことも自由ではなかったからだ。これは、もちろん坂本龍馬や西郷隆盛、勝海舟たちにも同じことが言える。

「天の配剤」という言い方もある。

歴史を学ぶとき、世界の流れを読みとる醍醐味とともに、その時代を代表する偉大な人物のことを知り、学べるというおもしろさがある。よくもこの時代に生きてくれたものだと感謝したくなる。

だから自伝や伝記は人類の財産であるとともに、人生の教科書としても役立つ。そのうえおもしろい。

福沢諭吉の自伝『福翁自伝』もその一つであること間違いない。

第十章　十編

（明治七年六月 出版）

――人生に希望をもって、大いに学べ――

1 自分が食べていけるというだけでは独立した日本人とは言えない。

前編においては、学問の目的を二つに分けて論じた。その要旨は次のとおりであった。人たる者は、ただ一身一家の衣食が不足ないといって自分を満足させてはいけない。人が天から与えられた使命はもっと高いところにある。人間社会の仲間に入り、その立場でもって社会のために勉強し、貢献していくのである。

以上が私の述べた趣旨である。

学問をするには、その志を大きく、高く持たなくてはいけない。飯を炊き、風呂を沸かすのも学問である。天下のことを論ずるのも学問である。しかし、一つの家計のことは簡単だが、国家、社会全体の経済は難しい。およそ世の中においては、簡単に手に入るものは大したものではない。貴いものが貴いゆえんは、これを得ることが難しいからである。

私が密かに心配しているのは、今の学生はその難しいことを避けて、やさしいことに向かいたがっているのではないか、ということである。

昔の封建時代においては、学生はその学問を身につけたとしても、社会が固定してしまっていてその学問を活かす場所もなかった。しかたなく、さらに学問を重ねていった。その学風は良いとは言えないけれども、読書を重ね、勉強を続けて、その博識なことは今の人はとてもかなわないであろう。

今の学生にはそうした制約はない。したがって、学べばそれをすぐに実際に活かすことができる。例えば学生が学校で三年間、歴史や物理学を一通り学べば洋学の教師として活躍できるだろうし、政府の役人となって仕事をすることもできるであろう。

もっと簡単な方法もある。今流行の翻訳書を読み、世の中を動き回り、国の内外の新しい情報を手に入れ、うまくチャンスをとらえて役人となるのである。これでも役人にはちがいない。

このような状況が社会の風潮となってしまうならば、世の中の学問はもはや、高い水準に向かわなくなってしまうであろう。


書く内容が少し低俗になって、学生に向かって言うことではないかもしれないが、ここではお金の話で説明してみよう。

学校に入学して一年間勉強するための費用は百円にすぎない。三年の間に三百円の元金を入れて、卒業して仕事に就けば、一ヶ月に五十、七十円のお金が貰える。

他方、例の翻訳書を読んだだけで役人となった者は、この三百円の元手もかけておらず、その手にする給料はすべてまるまる利益ということになる。世の中の商売でこのように割のいいものはないにちがいない。高利貸といえどもこの利益にはとうていかなわない。

もとより、物価は社会の需要の大きさで決まるが、今は政府をはじめ、あちこちで洋学を学んだ者たちを急ぎ求めているため、このように洋学を学んだ者の相場が高くなっているのである。だから、この学生たちの姿をとらえて悪い奴らであると咎《とが》めはしない。また、これを採用する者が愚かである、と非難するものでもない。

ただ私は、彼らにあと三年、五年の勉強に打ち込んでもらって、真に役立つ実用の学問を身につけてから仕事に就いてほしいと考えているのである。そうすれば、さらに大きく成功できるであろうからだ。こうして日本全国にいる智恵と徳のある人たちがさらに力をつけていって、はじめて西洋諸国の文明と競い合えるようになるであろう。

今の学生は何を目的として学問をしているのだろうか。真の独立を手に入れるためと言い、自主・自由の権利を自分のものにすると言うのであろう。しかし自立や独立と言う時、その言葉の中には当然のように義務の考え方も含まれているのを忘れてはいけない。

独立とは、一軒の家に住み、他人に頼らず生活するとの意味だけではない。これはただ、自分個人に対しての義務にすぎない。これを一歩進めて社会への義務を考えると、日本に住んで日本人としての名誉を辱《はずかし》めず、国民がともに力を尽くし、日本に自由・独立の地位を確立して、はじめて個人と社会の義務を果たしたと言えるのだ。したがって、一軒の家で人に頼らず何とか食べている者は、独立した日本人とは言えないのである。

日本の現状を見てみればいい。文明とは名ばかりでその実態はなく、形はあっても中味の精神は何もない。

わが陸海軍をもって、西洋諸国の軍隊と戦うことができるだろうか。決して戦ってはいけない。

今の日本の学問でもって西洋人に教えることがあるだろうか。何もないであろう。かえって学問をすべて西洋に学んで、その力が及ばないことを恐れるだけである。

外国に留学生を出し、国内に外国人教師を雇っている。政府が管轄している省や学校など、いたるところで外国人を雇っている。また、私立・民間の会社や学校でも、新しく事業を始めようとするときはまず外国人を雇い、多額の給料を支払って彼らに依頼するのである。他人の長所をもって自分の短所を補う、とよく人は言うが、今のこの状況を見ると、すべて日本人が短で、西洋が長のようである。

もとより、数百年にわたっていた鎖国を開いて急に西洋文明の人と交際するようになったのだから、その状況はあたかも火をもって水と接するようなものであるのはしかたない。この交際を対等なものとしていくためには、外国人を雇い、あるいは外国の製品を買って急場の不足を補い、それでもって水と火が変わることによる動乱を鎮静するのはやむを得ないことである。一時的に人や物の供給を外国に求めることは、国の政策の失敗とは言えないであろう。

しかし、外国の物を仰いで代用してばかりいてはいけない。ただこれは一時的なことだと自分たちを慰めるしかないが、その一時的とはいつまでのことだろうか。外国の物に頼らず、自国でこれを賄えるようになるにはどうしたらいいのか。これを実現するのは大変なことである。

そのためには今の学生たちが学問を修め、彼らが自分の力で必要な物を生み出してくれるようになるしかない。すなわち今、学生たちが負った責務は重大であり、その責務は急であると言うべきである。

現在日本で雇っている外国人は、日本の学生たちが未熟なことからしかたなく、しばらくその代わりとして仕事してもらっているのである。また、外国の製品を買い入れているのは、わが国の産業が低水準にあるからしばらくの間お金を払って輸入し、使っているのである。

こうして外国人を雇い、外国製品を買うために使うお金は、われわれの技術が外国に及ばないからだ。これは日本の財貨を外国へ捨てるようなものである。日本のために惜しいことだと言うべきだ。学問を学ぶ身としては恥ずべきことと言わざるを得ない。

人間の使命

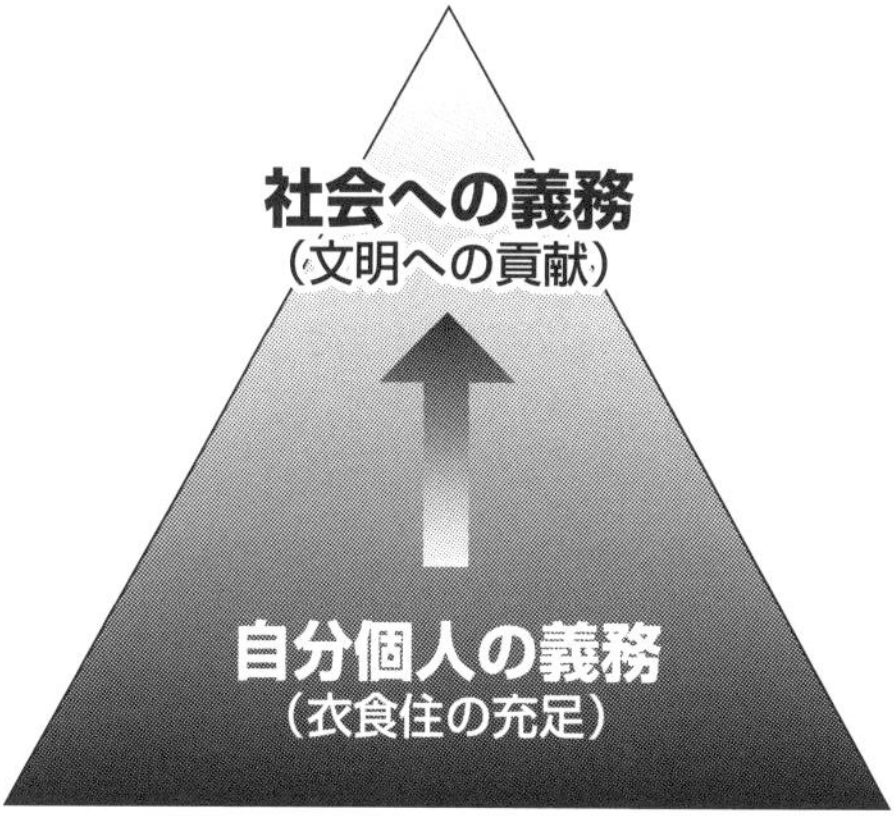

日本人としての名誉を辱めず
国民がともに力を尽くし
日本に真の自由・独立の地位を確立すること

はじめて
個人と社会の義務を果たしたと言える

志を高く持ち
難しいことに挑戦しよう！

2 未来に大きな希望を持て。

しかし、人として未来に望みがないということなどない。望みがないならば誰も懸命に勉強したり、仕事したりはしない。明日の幸福を望むから、今日の不幸も慰めることができるのである。来年の楽しみを望めるから、今年の苦しみも耐えられるのである。

昔は、世の中のことはすべて、古いきまり事で縛られていて、志ある人でも未来への希望を持つことはできなかった。しかし今は違う。こうした古い縛りは一掃されて、時あたかも学生たちのために新世界を開いてくれたかのようである。世の中において自分がやってはいけないことなどなくなった。農業でも商業でも従事してかまわないし、学者にも役人にもなれる。本を書き、新聞を出し、芸術を学び、産業を興し、議員にもなれるのである。どんな事業を行ってもいいのだ。

しかもこれらの事業の遂行は国内の日本人と争うことではない。智恵のレベルを争う相手は外国人なのである。この智恵の戦いに勝利できれば日本の地位は高くなるし、負ければその地位は落ちていく。

だからその望む大きさ、目標は明らかであろう。もとより世の中のことすべてを、すぐにやることはできないが、卑しくも今の日本にとって不可欠なことについては、人はそれぞれの立場ですぐに研究しなければならない。卑しくも、こうした社会における自分たちの義務を知る者は、ただ傍観するものであってはいけない。学生は学問に励まなくてはいけないのである。

こうして見ると、今の学生たちは決められた通常の教育で満足してはいけない。その志を高く大きく持ち、学術の目指す目的を達成し、他人に頼らず自分の力で、仮に同志の仲間がいなくても一人でこの日本国を支えるという気力をもって、世のために尽くすべきであろう。

私は以前から、和漢の古学者たちが人を治むるの道を知って、自分を修むる道をしらないことを嫌ってきた。だからこそ、この本は初編から国民平等の権利の考え方を主張し、人々が自分の責任で、自分の力で生計を立てることの大切さを論じてきた。しかし、この自分の力で生計を立てることができたからといって、私の考える学問の目的を達成したとは言えないのである。

例えばここに、酒と色に溺れ放蕩無頼に生きている若者がいたとしよう。彼を改心させるにはどうしたらいいだろうか。

これを指導して一人前の人間にするには、まずその飲酒を禁止し女遊びをやめさせ、その後で仕事に就かせなくてはならないだろう。飲酒、女遊びが収まらないことには、仕事のことは考えられないからである。

しかし、酒と女に溺れていないからといって、その人が道徳に優れている人とも言えない。ただ世の中に害を与えていないだけであり、いまだに無用の長物であることは変わらない。酒と女遊びを止めて、そして仕事に就いて自分を養い、家族を助けることになれば、はじめて一人前の人間と言えるようになる。

自分で生計を立てるということも同じことである。わが国の士族より上の人たちは、封建時代の習慣から、生計を立てるということが何であるかを知らず、富をどうやって得るかを知らず、驕り高ぶって何もしないで食べられることを当たり前の権利と思い込んでいた。それはまさに、酒と女に溺れている若者が物事をわかっていないのと同じようであった。

こうした時、彼らに何を言ったらよいのだろうか。ただ自立して生計を立てることを言い、目を覚ましてもらうしかないであろう。

これらの人たちに向かって高尚な学問の道を勧めることができようか。できるわけがない。たとえ夢うつつの人が学問をしても、その学問はやはり夢の中の夢で終わってしまうだろう。だから私は、もっぱら自立して生計を立てることだけを言い、真の学問を勧めないのである。だからこのことは、何もしないで食べていくことを考えている者たちに言うもので、今の学生たちに言うべきことではない。

ところが、近ごろ聞こえてくるのは、わが故郷、中津の旧友で学問を学んでいる人の中には、まれに学業を半ばにして早く生計の道を求める人もあるということである。生計はもちろん軽んずべきではない。また、人には才能のあるなしもある。だから人生の方向を変えることもあっていい。

しかしこれが風潮として広まり、早く生計を立てることを競い合うようになってしまったら、俊英の若者までが持てる才能を発揮できなくなってしまうだろう。本人のためには悲しむべきことであるし、世の中のためには惜しむべきことである。

生計を立てていくことが難しいのはわかるが、一家の暮らしをうまくやりくりすれば、早く一時のお金を手にし、小さな安定を得るよりも、倹約しつつ力を蓄え、時を使って大きな成功を手にした方が良いのではないだろうか。

学問を始めたら大いに学問に励むべきだ。農業に就くなら大農業を行い、商人になるなら大商人となれ。学生は小さな安定に満足してはいけない。粗衣粗食、寒暑に挫けることなく、米をつき薪を割るのだ。学問は米をつきながらでもできるのである。

人間の食べ物は西洋料理に限るものではない。麦飯を食べ、みそ汁をすすっても文明のことは学べるのである。

大きな希望を持つ

世の中で
やってはいけないことはなくなった

希望を持とう

事業の遂行で
智恵のレベルを争う相手は外国人

勝利

日本の地位が高くなる

志を持つ

それぞれの立場で すぐ研究（学問）を しなければならない
生計を立てるためだけに 学問をするのではない
傍観する者 であってはいけない
人を治めるより まず自分を治める
小さな安定に 満足してはいけない

『学問のすすめ』は日本人のために書かれた、日本で初めての本格的な成功法則を教える本と言ってよい。それまでの日本は、社会に制約があって自由に自分の夢を追い求めることはできなかった。戦国時代の下克上による成功も、一般庶民からはほとんど困難なことであった。しかも、それが国家や社会のためになるのかというと、そうではなかった。単に上の地位に立って、自分の暮らしが良くなるだけである。農民をはじめとするほとんどの国民は、ただ搾取される厳しい社会であった。

しかし、明治に入って自由と平等の社会が始まった。初めて国民は自分のやりたいことができ、自分の幸福を実現できるようになったのである。だから、とにかく早く、自分の生活を満足なものとしたいと願うのは当然である。

そこで福沢諭吉の登場である。世界を見よ。日本という国を考えてみよ。人の一生は、自分の小さな満足を得ることだけで終わってはいけないのだ。そこに加えて社会の進展に寄与する人間となるように学んで、実践していくのだと言うのだ。世界と日本を視野に入れて、自分のやりたいことで自分の人生の成功と社会への貢献を成し遂げていこうではないかと言うのだ。そのために自分の未来への希望、明るい望みを決して失ってはならないと力説しているのである。

Column

大酒豪

福沢諭吉は女遊びはしたこともなく、口にするのもいかがわしいというほどの潔癖性であったと自伝に言う。

しかし酒は大好きを越して大酒豪であったようだ。どんな大酒のみと言う人がいても自分ほどではないと断言している。

25 歳で江戸に出て、少し収入が入るようになって、勉強の合間に飲むのが楽しみであった。朝、昼、晩と飲んだという。

さすがに 32、3 歳のころから、これでは長生きできないと思って、第一に朝酒をやめた。しばらくして昼酒もやめることができた。夜の晩酌は、全部やめるのは難しいとして、だんだん量を減らし、ややおだやかな飲み方になるまで三年もかかったと告白している。

37 歳の時にひどい熱病にかかり、かろうじて死を免れた。これは節酒のお陰だと友人の医師に言われたと書いている。

その後は酒の量はますます減っていったが、これは道徳上の謹慎というより、年齢のためであろうと告白する。

しかし、こんな大酒のみでもあれだけの勉強ができ、そしてたくさんの本を書いてきたのだから驚くしかない。私も酒好きの人間として嬉しく思う。

ただ、諭吉は年をとっても酒を飲んでばかりいるようでは情けないとも言っているので、少し慎まないと、と反省している。

第十一章　十一編

（明治七年七月 出版）

―人が心から動く理由―

1 人と人との関係はすべて、親子と同じ関係にはなれない。

第八編で上下・貴賤の地位・身分から、夫婦・親子の間に生じる弊害について例を挙げ、この害が及ぶところはこの他にも多く存在することを述べた。

そもそもこの身分の差から生じる問題を見ると、強大な力の者が弱小の者を支配するという形になっている。

しかし、上の地位・身分の者が、下の地位・身分の者を悪意で支配しているとは限らない。つまり、上の者は下の者のことをこう考えている。「世の中の人は皆愚かだが、善なる人だからこれを救ってあげ、教え導き助けなくてはいけない。だからこそ下の者は上の者の命令に従わせ、間違っても自分の意見を出させたりはしない。上の者の考えるやり方でうまく手心を加えつつ、良いようにもっていく」。つまり、国の政治も村のことも、店のことも家のことも、上下が心を一つにして、あたかも人間社会を親子のようにして、うまくもっていこうというのである。

例えば十歳前後の子供を扱うには子供の意見など聞かずに、たいていは両親が良いように考えて衣食を与え、子供はただ親の言うことを聞いていればいい。寒いときには綿入れを用意してくれ、腹が減るころにはご飯の用意ができている。ご飯と衣服は、あたかも天から降ってくるかのように自分の欲しいときにその物が与えられて、何一つ不自由なしに安心して家で生活できるのである。両親にとっては自分の命にも代えられないほど愛する子供だから、子供に教えたり諭《さと》したりするのも、誉めたり叱ったりするのもすべて愛情から出ているのである。親子の間は一心同体のようであって、たとえようもなく美しい関係である。

これは親子の関係であるから、上下の関係も成り立っても問題もないと言える。世の中で身分関係の正しさを主張する人の中には、この親子の関係をそのまま、人間関係に当てはめて考えるのである。ずいぶんおもしろい見方であるが、実は親子と社会には大きな差があるのである。

親子の関係は、ただ知力の発達している実の父母と十歳ばかりの実の子供とのものであって、他人の子供に対してはもちろん当てはめることはできないし、たとえ実の子であっても、二十歳以上の者に対しては小さい時のままの関係は難しいであろう。ましてや大人同士の関係でどうして親子のような関係などになれようか。無理なこと明らかである。現実を無視した希望的な見方と言えよう。

さて、国も村も政府も会社も、すべて人間の社会は大人と大人の関係である。他人と他人の関係である。このような人間関係に実の親子の接し方を用いるのはとても難しいことがわかるだろう。

しかし、たとえ難しいことと思ってもこれが実現されたらすばらしいことだと想像すると、その想像したことを実施してみたくなるのも人情の常である。これが世の中に地位・身分が生まれ、専制政治が行われるようになる原因なのである。だから、地位・身分というのはもともと人が悪意から生み出したというより、良かれと想像したことを強引に実施することから生まれたのである。

アジア諸国では国の君主を国民の父、母と言い、国民のことを臣子または赤子と言ったりもする。中国では地方官のことを何州の牧《ぼく》と言うことがある。この牧というのは家畜を養い育てるという意味であるから、州の国民を牛や羊のように扱おうというのであろう。何とも失礼な話ではないか。

国民を子供のように、あるいは牛や羊のように扱うといっても、前に述べたように、もともとの考え方は悪意からではなく実の父母が実の子供を養うようにというものである。だからまず、国の君主には徳のあるすばらしい人がなり、そして、賢くしかも公正なる人物が君主を補佐するというのである。

彼らは一切の私心がなく、わずかの我欲もなく、心の清いことは水のようで、心のまっすぐなことと矢のようである。このような心をもって民に愛情深く接し、飢饉になれば米を与え、火事になるとお金を与える。民を助け養い、衣食住の安定を得させ、君主の徳は南風の薫るがごとく、民が君主に従う様子は草が風になびくがごとくである。その民の柔らかさは錦のようであり、無心であること木や石のようである。上と下がともに太平の世のすばらしさを讃えようというのである。まさに極楽の世界をそのまま写したかのようではないか。

しかし、現実をよく見てみよ。政府と国民とはそもそも肉親の関係ではない。他人と他人の関係なのである。そして、他人の関係においては親子間に見られるような情愛の関係はないのである。他人同士においては必ず規則や約束をつくり、お互いにこれを守るようにし、わずかなことでもこれを争ったりしつつ、かえってまるく収まっていくのである。だから国の法律が必要とされるようになったのだ。

また、すばらしい聖君や賢臣、そして柔順な民などの理想の者たちは想像できるだろうが、どこの学校に学べばそのような欠点のない聖君や賢臣が育ち、どのような教育をすれば問題のない民が生まれるのであろうか。中国においても、古代の時代より様々な試みはあったが、今日まで一度も理想のような社会は生まれていない。とどのつまりが、今日のように外国人にいいように何でも押しつけられてばかりではないか。

しかしこの現実を理解できずに、効かない薬を何度でも飲むように小細工の仁政（民を思いやるよい政治）を試し、神などでは決してない聖君と賢臣がその仁政を無理に押し進め、強制的に恩を施そうとする。結局この思いは逆に迷惑となり、仁政は苛酷な政治となってしまうのである。

これでも君主はまだ、太平の世を歌いたいと思うのか。歌いたいなら独りで歌えばいい。それに合わせ歌うものなど誰もいないはずだ。まったく、現実から遠く離れた無理な考え方と言えよう。隣の国のこととはいえバカバカしくて笑うしかない。

社会の関係は親子の関係のようにいくのか？

地位・身分が上の者が
悪意で下の者を支配しているとは限らない

親子関係のように思っている

≠

**社会の関係に親子の関係を
あてはめるのは難しい**

他人同士の関係では
必ず規則や約束をつくる
＝
法律

**良かれと思ったことを強引に実施
強制的に恩を施そうとする**

専制政治が行われる原因

2 社会にニセ君子が出てくる理由。

地位・身分にともなうこうした風潮は、政府においてだけでなく、商人の家でも学問の私塾でも神社やお寺でも、いたるところで見ることができる。

一例を挙げてみよう。

ある商店において、店で一番の物知りな主人がいて、この主人一人が元帳を扱っている。番頭や手代はというと、自分の与えられた仕事には励んでいるが、商売全体のことはわかっておらず、ただうるさい主人の指図どおりに動き、給料のことも仕事のことも、ただこの主人に従うのみである。商売がうまくいっているかどうかを元帳を見て知るわけでもなく、一日中主人の顔色をうかがって、その顔に笑顔が浮かんでいれば儲かっているとわかり、しわを寄せていれば儲かっていないとわかるくらいである。ただ一つの心配は、自分が預かっている売上台帳に、いかにごまかした数字を記入するかだけである。

鷲の目のように鋭い目をした主人でもそこまでは見抜けない。主人は彼らを律儀で真面目なだけの者と思ってる。しかし、突然いなくなるか死んでしまうかした後に帳面を調べてみて、取引に大きな穴を空けていたのを見つけて、いかに人間が信頼できないかについて嘆くことになるのである。これは人間が信頼できないというのではなく、自分一人がすべてを支配していたことが引き起こしたことなのである。主人と番頭や手代とは、もともと赤の他人である。その赤に他人に対して、商売して儲かった時の利益の配当を約束せず、自分の子供のようにこれを扱ったのがいけなかったのだ。

このように、上下・貴賤の地位・身分の権限を利用してすべて自らの思いのままにしようという悪い毒が、今、世間において流行している。これが社会にごまかしや偽りなどの病気を招いているのだ。この病気にかかった者をニセ君子と言う。

例えば封建時代のときのことを見てみよう。封建時代、大名の家来たちは表向きはみんな忠臣のようにしていた。外見では君臣上下の身分を正しく守り、お辞儀をするのにも細かなしきたりを気にし合い、亡き君主の命日の前夜には精進を守り、若殿の誕生には上下の正装を着てお祝いし、年始の挨拶や主君の眠る菩提寺への参詣など一人もやらない者はいなかった。

そして口先では言う。「貧しくとも武士は文句を言わない」「忠を尽くして国に報いる」「主君に食べさせてもらっている者は主君にために死ぬ」などと大きなことを言いふらし、何かあれば今にも討ち死にするぞという勢いだ。普通の人はこれに騙されてしまうが、実は中味を問うとこれこそ先のニセ君子なのであった。

大名の家来が良い役職に就くと、その家にお金が多く余計に入ってきたのはなぜなのか。決められた給料と定められている役職手当の他に余分のお金が入るはずはないのに、これはどうしたことであろうか。はなはだ怪しいことである。いわゆる役得であろうと、賄賂であろうと、主人に入れるべきものを自分がせしめていることに変わりがないだろう。

最もひどい例もあった。普請奉行《ふしんぶぎょう》が大工に請負代金の分け前を催促し、会計の役人が出入りの商人たちから付け届けを取るということは、全国の大名家ではほとんど当然の習慣だった。主君のためにはいつでも討ち死にすると言っている忠臣・義士が、不正にお金を手にするとは何事であろうか。これこそ正真正銘のニセ君子と言うべきであろう。

まれに正直な役人がいて、賄賂の噂もなく、前代未聞の名臣として藩中の評判となる人もある。しかし、これはただ、お金を盗まなかったというだけだ。人がお金を盗まないということは当たり前だし、それほど誉めるべきことではないのに、ニセ君子が群れ集まる中に当たり前の普通の人がいると、特別目立つだけのことである。

なぜこうしたニセ君子が多いのかと言うと、その根本の原因は昔の人が、国民というのはみんな善良な者たちで扱いやすいものと思い込んでいたことにある。この間違った見方が、自分の思うように下の者たちを扱うようにしてしまったのである。そして、結局は飼い犬に手を噛まれたということになる。

かえすがえすも、世の中において地位・身分というものほどあてにならないものはなく、地位・身分を使って自分の思いどおりにしようとすることほどの害悪はない。それはいかにも恐ろしいものなのである。

しかしある人は言う。「このように人の悪い例ばかり挙げていればきりのないことである。すべてがこうではないだろう。わが日本は義の国であって、昔より自分の命を捨てて主君に尽くした義士もとても多いのではないか」と。

だが、私は言いたい。誠にそうかもしれない。たしかに昔の時代、義士がいなかったわけではない。しかしその数が少なくてどうにもならないのである。

元禄時代は義士の精神がとても盛んな時であったと言ってよいだろう。この時に赤穂七万石の中に義士が四十七人いた。七万石の領地には七万人の人口があったと見てよい。七万人の中に四十七人いたというのであれば、七百万の中では四千七百人いると見ることができる。

しかし時代は移り、人情も次第に薄くなって、義の精神もなくなりつつあるのは世間の人が言うとおりであろう。よって元禄の時代より人の義の精神を三割減じ、七掛けにすると七百万につき三千二百九十人の割合となる。そして今、日本人の人口を三千万人とすると義士の数は一万四千百人ということになる。この人数で日本の国を守ることができるだろうか。それが無理なこと、三歳の幼児でもわかるにちがいない。

この議論から、身分など何の役にも立たないことがわかったが、念のために一言つけ加えておきたい。

地位・身分というのは、中味のない飾り物にすぎない。そうであるなら、上下貴賤のすべての地位・身分が無用のものと言える。しかしこの飾り物の名目ではなく、職務上求められる地位・身分というのがある。その職務が果たされるならば、この地位・身分をいうのはあってもよいことになる。

例えば政府は一国の帳場のようなものであって、国民を統治する職務がある。国民は一国の出資者であり国費を賄う税を支出する職務がある。政治家の職務は政治や法律を決めることである。軍人の職務は国の命令に従って戦うことにある。この他、学者にも市民にもそれぞれ定められた職務があるのである。

ところが、よくわかっていない慌《あわ》て者が地位・身分など無用であるとの議論を聞いて、自分の職務を忘れて国民の地位にありながら国の法を破り、政府の役人の本来の職分を忘れ民間の仕事に介入し、軍人が政治に口を出して勝手に戦争を起こし、政治家が軍人の武力を恐れてその指図に従うようなことになれば、それこそ国は大いに乱れてしまうだろう。自主・自由の意味を生噛《かじ》りしてしまうと、無政府、無法の騒動となってしまう。

名目上の地位・身分と職務上の地位・身分というのはまったく別物であることを忘れては

ならないのである。学生においてもこれを間違えることなく理解しておいてほしい。

地位・身分と職務は同じではない

地位・身分（上下・貴賤）を利用して自分の思いのままにする

↓

社会にごまかした偽りの病気が広がる

ニセ君子

↓

地位・身分は無用

ここでは、福沢諭吉の文章について述べてみたい。

『学問のすすめ』や『西洋事情』『福翁自伝』などの著作が広く国民に支持されたのは、その内容がすばらしかったことは当然として、それに加え諭吉の卓越した文章力にもあったと言えるだろう。諭吉自身は、自分の平易で読みやすい文章は、師である緒方洪庵の指導によるものと述べている。

小泉信三の見方は次のようである（『学問のすすめ』岩波文庫解説参照）。

第一に、福沢の文章は委曲情理《いきょくじょうり》を尽くし、説いて説きまくるという流儀であるという。そして、いかにして日本語でこれだけのことがこれほどまで言い切れるか、筆紙に尽くせぬという形容は無用なくらいだという。第二に、福沢の文章の特徴は、そこに漂う固有の明るさがあることを指摘している。そしてこの文章は口に出して読むと心地よく、読む者を楽しい気分にさせる調子の良さがあるという。第三には、福沢の文章には、豊かな感情が溢れていて、機知とユーモアがあり、人を驚かしてつい大笑いしてしまうこともあるくらいだという。

小泉信三の見方はその通りであるが、それに私なりの感想を付け加えてみたい。

まず福沢ほど言葉のすばらしさと大事さを知る人間はいないということである。父と兄は漢学、儒学の先生で、自らも十五、六歳でこれを学び、あっという間に力をつけた。その後、洋学の時代ということで、当時の日本で最も優秀な塾であった緒方洪庵の適塾に学び、塾頭にまでなる。そしてペリーが来航し、英語の時代が来たということで英語を一から学び始めた。そして咸臨丸でアメリカに行ったのである。この時の通訳にジョン万次郎がいたが、帰国の際二人はウェブスターの辞典を買って、日本に初めてこれを紹介した。

以上のような言葉との格闘とともに、その凄絶な人生体験による豊かな感性があった。さらに、外国を見、時代を見ることから来る、自分が日本中の人に知らせなければならないという大きなエネルギーもあった。

最後に、文章というのは小泉信三が述べるように、ある種の明るさ、清朗さが名文の条件である。これはどこから来るのかと言うと、人生に対する希望、そして人に対する愛情の大きさからであると私は信じている。文章も思想も行動も、良いものはすべて大きな愛から生まれるのである。

私も福沢諭吉は大愛の人だと見ている。

Column

福沢諭吉の先見力

十一編の最期の念のためとして書いている内容を読むと、その後の日本が招いた国家危機を見抜いていて恐ろしくなる。

つまり、封建の世の弊害だった地位・身分は不要だが、国をうまく運営するための職務に伴う地位・身分を守ることは必要だ、というところである。

この地位・身分を守らなくなった国家は、無政府、無法の騒動となる。具体的には、第一に政府の役人が民間の仕事に介するということ。これはその後の日本の官僚支配として世界に名高く、今も金融への公的介入や補助金行政の弊害は続いている。

第二に軍人が政治に口を出して勝手に戦争を起こし、政治家が軍人の武力を恐れてその指図に従うようになること。

これは日清・日露の戦争の時まではなかったことが、昭和に入るとその通りの弊害となって現れた。

政府も国会も中国との戦争拡大を避けたかったのに、陸軍の暴走でこれを止められなくなった。

そしてついには太平洋戦争へと突入していった。軍人が政治・外交にまで口を出すようになったこと大変な国難を招くことになったのである。

福沢諭吉は直感よりも理詰めで先を見るためか、先の時代の問題を正しく見抜くことができたのであろう。

第十二章　十二編

（明治七年二月 出版）

――心も学力も国のレベルも
どんどん高めていかなければならない――

1 学問はインプットだけでなく、アウトプットも大切である。

演説とは英語でスピーチと言って、多数の人が集まったところで自分の考えを述べ、人に聞いてもらうことである。わが国においては、昔から、こうした演説というのがあるとは聞いたことがないが、寺などにおける説法がこれに似たところがあるかもしれない。

西洋諸国ではこの演説がとても盛んであり、議会、学会、会社、市民集会のみならず、冠婚葬祭や開店開業のような時でも行われている。わずか十数人の人が集まれば、その会が何のために催されているかの趣旨を述べ、あるいは自分たちが普段から思っている持論を述べ、時には即席で思いついたことを説いて、聴衆に聞いてもらうのである。

この演説が大切なことは言うまでもない。

例えば今、世間では議院設立の議論があるが、たとえ議会が開かれても、演説ができなければ議会は意味をなさないということになる。演説でもって事を述べれば、それがどんなに重要な内容かどうかは別にして、口で述べるのですぐに何が言いたいのかわかる。文章にすると大して意味がないものも、口で言葉にして話すと、聞いている方も内容がすぐ理解でき、感動させられたりする。

昔より有名な詩や和歌があるが、これを普通の文章に訳してしまうとまったくつまらないものになるが、詩や和歌に合った本来の方法で口に出して歌うならばその良さが伝わり、聞く人を感動させるのである。

このように、自分の意見を多くの人に伝えるために、速くしたり遅くしたりして話す工夫をするのはとても重要なことである。

学問というのは、ただ読書をするだけではいけないことは皆がよく知っていることと思う。学問の要《かなめ》は活用できるかどうかにのみある。活用できない学問は無に等しい。

昔のことだが、ある朱子学の書生が長い間江戸で勉強を続け、学者の先生に学び、有名な大家たちの学説を写した。昼も夜も一日中がんばって、数年かけ数百巻の写本をつくった。もうこれで学問をものにしたということで故郷に帰ることにした。自分は陸路で東海道を下り、写本は貨物便で、船で運んでもらうことにした。

しかし不幸なことに遠州灘沖で船が沈んでしまったのである。書生は自分の体は故郷に帰れたものの、学問はすべて海に流れてしまった。自分の心身に学問が理解されていないため、何も残されたものがなく、書生は故郷を出る前と何ら変わらなかったという話なのである。

今の洋学を学んでいる者も同じような心配があるのではないか。都会の学校に入って読書し、講義を受けているのを見てみると、確かに学んでいるように見える。しかし、今、仮にその学生から原書の教科書を取り上げて、故郷に帰したらどうなるであろうか。その学生は親戚や友人に会ったとき、「私の学問は東京に置いてある」と言い訳するなどの笑い話が生まれるかもしれない。

このように、学問の本質はただ読書するだけではなくて、学問することによって得た精神の働きにあるのである。この精神の働きを活用して、実地に活用していくには様々な工夫が必要となる。

「オブザベーション（observation）」とは物事を良く観察することである。「リーズニング（reasoning）」とは物事の道理を推論していき、自分の考えをつくっていくことである。この二つの工夫だけでは、もちろん学問の方法をすべて身につけたとは言えない。本を読まなくてはいけないし、本を書かなくてもいけない。また、人と議論しなければいけないし、人に向かって自説を述べなくてはいけない。このような方法をすべて身につけて、はじめて学問を学んでいる人といえるのである。

すなわち、観察・推論・読書は自分の知識を蓄積していき、議論は知識の交換をし、著作と演説は自分の知識を他に拡める手段なのである。

これらの方法の中には一人でできるものもあるが、議論と演説は他に人がいなければできないことである。だから、演説会が必要なのである。

現在のわが国民において最も心配されることはその知識の低さである。これを高い見識の領域までもっていくことが今の学生の職務であるから、その方法があることを知ったのであれば、力を尽くしてこれに励まなくてはならない。

学問の道においては議論や演説の大切であることは、今、はっきりしている。それなのにこれを実践しようとする者がいないのはどうしたことであろうか。学生の怠慢と言うべきであろう。

人間には自分の内の事と外の事の二面があって、その二つをどちらも学んでいかなくてはいけない。今の学生は自分の内への一方だけの学問に集中し、外へ向けた学問を放置している者が多い。それでは不十分だ。

自分の内には、学んでその深きことは底なしの淵のようであり、人に接して活発であることは飛ぶ鳥のようであり、その学識の密なること内がないかのようであり、その豪大なこと外がないかのようになって、はじめて真に学問に励む者と言ってよいのであろう。

学問の道において大切なこと

知識の蓄積　インプット

読書・観察・推論

↕

知識の交換　アウトプット

議論（ディベート）

知識を他に広める　アウトプット

著作・演説

**インプットが中心になりがちだが
アウトプットも大切**

Column

ディベート

　ディベートの先駆者も福沢諭吉と言ってよいようだ。

　日本におけるディベート教育の必要性が今も叫ばれているが、なかなか定着しない。

　そのためか外交交渉も苦手で、その他のビジネスでも冷静で正しい判断が下手な国民と言われている。これはテレビ討論における感情的な罵りあいの姿を見ているとよくわかる。

　『福翁自伝』の中で諭吉は、緒方洪庵の塾内でのディベートのことを紹介している。

　例の赤穂浪士は義士か否かなどを、立場を分かれて論じ合うのだ。

　諭吉自身は義士ではないと考えていても、ディベートであるから、相手が義士ではないとの立場に立って論じると、義士であるとの立場から立論していくのである。

　そして言う。「敵になり味方になり、さんざん論じて勝ったり負けたりするのがおもしろ」かったと言う。

　ただ、塾生同士はとても仲が良くて、ディベートのような議論はしたが決してケンカはしなかったという。ことに福沢は性格として友だちと本気になって争うようなことはしなかったと述べている。

　心の中は燃えていても頭はいつも冷静な人間だったのであろう。

2 視野を広くし、目標を高く持て。

前で、今わが国において最も心配されるべきなのは、国民の見識がいまだ低いことであることを述べた。

人の見識・品行は難しい理論を口にしてできることではない。禅において悟りの道は、その理論はとても奥深く、容易に理解しがたいものらしい。しかし悟りの道を行く僧侶の行いを見ていると、現実から遠く離れていて役に立たない。結局は漠然としていて、見識が何もないのと同じだと言っていいのではないか。

また、人の見識・品行は、ただ見聞の広さで高尚になるというものでもない。万巻の書を読み多くの人とつき合っていながら、自分の考えを何ひとつ持っていない者もいる。古い習慣をただ守り続けている漢学、儒学者などがこれにあてはまる。

しかし、ただ儒学者だけがそうではなく、洋学を学ぶ学生でもこの弊害から免れるものではない。今の洋学の学生は西洋の新しい学問に志し、経済学の本を読み、倫理学を議論し、あるいは哲学や自然科学を学び、日々懸命である。その様子はあたかも茨の上に座って、その痛みに耐えている求道者のようである。

しかしその私生活を見るとそうとは言えない。経済学の本を見ているのに自分の家計もままならず、倫理学のことを語りながら自分の人格はいいかげんである。その言葉と行動を見ると、まさしく二人の人間があるようであり、とても見識ある人間とは見ることができないのである。

以上のように、洋学を学ぶ者も、口に語り目で読んだことをあえて否定することはないが、物事の是非がわかる心と、それを実行する心とは別のことであるということだ。この二つの心がどちらも行われることもあり、別々になってしまうこともあるのである。医者の不養生といい、論語読みの論語知らずという諺も、こうしたことを述べているのであろう。

したがって人の見識・品行は深遠で難しいことを口にして高尚になるのではなく、また見聞を広くすることで高尚になるのではないのだ。

では、見識も高尚にして、現実の行いもそうなるにはどうしたらいいのだろうか。

そのためにやるべきことは、物事の状況をよく比較して考え、より上の段階を目指し、決して自己満足に陥らないということである。ただし、状況を比較するとはただ一事一物を比較するのではなく、それにかかわるこちらの全体の状況と向こうの全体の状況を比較し、双方の良いところと悪いところをすべて比べるということである。

例えば今、若い学生が酒や女に溺れることなく真面目に勉強していれば、父兄や他の先輩たちに叱られることなく、自分もこれを得意に思うかもしれない。しかし、この得意な気持ちは他の不真面目な学生と比較してのことにすぎない。真面目に勉強することは人として当然のことであって、これを誉めあげることではない。人生において目指すべきは、別のさらに高いところにあるからだ。

広く古今の人物を見渡して、誰と比較し、誰の業績と同じになれば満足していいのだろうか。必ず高いレベルの人物を目指すべきである。また、自分に一つの優れたものがあったとしても、他の人物が二つの優れたものを持っているならば、自分はその一つで満足してよいはずがない。ましてや後進の者は、先人の優れた人たちをも追い越していくべき使命がある。場合によっては昔には比較する人がいないときもある。だから、今の学生においては、自分の学問の段階で決して満足してはいけないのである。こうして、今の人たちの役割はとても重大と言うべきである。

こうして見ると、今、ただ真面目に勉強しているだけのことを生涯の目標とするべきではないのがわかる。それでは意識が低すぎる者と言わざるを得ないだろう。

酒と女に溺れる者は、人間としてまともな者ではない。このまともでない者と比較して満足する者は、自分の愚かさを外に向かって示しているだけである。酒や女に溺れた者たちと比べてどうのこうのというのは、論じるレベルが低すぎて話にならないのだ。人の品行がさらに高まっていけば、こんな愚かな議論はなくなっていき、口にするのも厭《いと》わしくなるはずである。

現在、日本において学校を評価するのに「この学校の風紀はこうである」とか「あの学校の生徒管理はこうである」とかを中心に見ているようである。そもそも風紀とか生徒管理とは、どういうことなのだろうか。校則が厳しくて、生徒たちが悪い方向に走らないように管理を行き届かせることであろう。しかし、これが学問の美点と言えるのだろうか。私はこれを見ると恥ずかしく思う。

西洋諸国の風紀は決して美しいとは言えないし、醜い面も多い。しかし、学校を評価するのに風紀の良さや生徒管理の行き届いていることを基準などにしていない。学校の名誉は教えている学問のレベルが高いこと、教え方に優れていること、学内の人物の品行も高く、議論している内容も低俗でない、というところにある。

だから、学校を経営する者や学校に学ぶ者たちは、他の低俗な学校と比較するのではなく、世界中を見渡してその中の一流の学校と比較して良い悪いを判断しなければならない。

風紀が良くて、指導の行き届いているというのも学校の長所の一つではある。しかし、その長所は学校として最低限の長所であって、なにも他に誇るようなものではない。一流の学校と比較するためには、他にも考えなくてはいけないことがたくさんあるはずである。だから風紀や管理のことを学校の急務と考え、それがうまくいったとしても、決して満足してはいけないのである。

このことは一国の状況についてもあてはまることである。

例えばここに一つの政府があったとする。賢くて品行方正な人物が政治を行い、国民の苦楽をよくわかり、最善の政策を施し、信賞必罰そして恩恵と威厳が実行され、国民すべてが飢えることなく太平の世を謳歌することは、誠に誇らしいことのように見える。

しかしその信賞必罰といい、恩恵・威厳といい、すべての国民といい、太平の世というも、すべて一国内の問題であって、一人ないし数人の者による政治が行われている。その良さや悪さは前の時代と比較しているか、あるいは他の悪政を行う政府と比較して誇るだけである。決してその国すべての状況を詳しく見て、すべてを他国と比較したものではない。

もし一国全体を全体的に見て他の文明の一国と比較し、数十年の間に実際に行われたことを比較してみて得られた結論が、果たして誇りうるものになるかどうかは怪しいものである。

たとえばインドを見てみよう。インドは国家としての歴史はとても古い。そしてその文明が興ったのも紀元前数千年であって、その思想哲学の深遠であることは、おそらく現在の西洋諸国の哲学に比べても劣らないものが多い。

次にトルコを見てみよう。トルコの政府も昔は国力が強大で他を圧倒していた。文化面も軍事面も相当に整備されていた。君主も賢明であり、家臣も忠節を尽くしており、人口も多く、また兵士の勇敢であることは近隣諸国と比べられないほどであった。こうして、ある時代には国家の名誉を他に誇っていたのである。

以上のように、インドは文化国家の大国であり、トルコは軍事国家の大国であった。しかし、今二つの大国の状況を見るとどうであろうか。

インドはイギリスの植民地となっていて、国民はイギリスの奴隷のようである。インドでは現在アヘンを栽培させられ、そのアヘンは中国人を毒殺し、アヘン売買の利益はイギリス商人が独り占めしているのである。

トルコの政府を見ると、独立しているとは言うけれども、経済は自由貿易の名の下に、イギリス人とフランス人に支配されてしまった。国の産業は日に日に減退し、機《はた》を織る者も機械を製作する者もない。額に汗して土地を耕すか、仕事もなく何もしないでただじっと月日が過ぎていくのを見つめるだけである。一切の製品は英仏から輸入で賄われ、国の経済を自ら治めることもできない。さすがにかつての武勇に優れた兵士たちも、貧乏に支配されては使いものにならないのだ。

以上のようにインドの文化もトルコの武勇も、なぜそれぞれの国の文明の発展に貢献できなかったのであろうか。

それは、その国の人たちの見るところが国内にとどまっていて、自国の状況に満足してしまったからである。自国の状況の一部だけを見て他国と比較し、この点では他国に優れているから、と満足してしまい、議論も進まなくなり、人も集まらなくなったからだ。勝利か敗北か、名誉か恥辱かを、すべての分野において他国と比較しなかったからだ。そして、国民が太平の世に満足し、内輪ゲンカに明け暮れている間に、力のある外国商人たちに負けてしまい、国を失ったのである。

西洋商人の向かうところアジアに敵なしである。恐るべきことだ。しかし、この強大な敵を恐れるだけでなく、その文明に学ぶ必要があると言わなければならない。良く国の内外の状況を比較して、私たちはさらに勉強し、学問を進めていかなくてはいけないのである。

見識と品行を高尚にする

物事の是非がわかること と **実行すること** は別のもの

→ ✕ **難しいことを口にすること**
現実から遠く離れて役に立たない

→ ✕ **見聞を広くすること**
実行がともなわない

実行の伴う見識を身につけるには

- 物事の状況をよく比較して考える
（双方の良いところと悪いところすべて）
- 高いところを目指し、自己満足に陥らない

解説

この編で、福沢諭吉は人も国家も自らをより高め続けなければならないことを力説している。まず人について。人の見識と品行は、ただ学問を身につけるだけでは高尚なものとならない。それに加えて現実の行い、生活、仕事でもそうならなければいけない。そして、低いレベルで満足したら話にならないと言う。

だから自分が目指すべきは、高いレベルの人物でなければならない。それは日本国内にとどまるものでなく、広く世界を見渡して、最高のレベルを目指すべきであると言う。そこに向かっていく過程が自分の見識と品行を高尚なものとし、真の成功者と言える道である。

ここまで個人の生き方ができれば、確かに大したものである。

古今東西の最高の人と自分を比較せよとは、さすがに福沢諭吉である。孔子、孟子といえども間違っているところは拒否せよとの自信も、ここに見ることができる。

裏を返せば、自分の人生を見てくれ、という自負もあったろう。漢学、儒学そして蘭学、西洋の諸学問に取り組み、日本人にわかりやすく紹介し、塾を開き人材を多数生み出してきた。アメリカ人、イギリス人の誰にも負けない努力と実践をしてきたというものである。この人生を私たちは、この『学問のすすめ』に加え自伝である『福翁自伝』からも知ることができるのである。

次に国家について。国家の盛衰の原因については諸説ある。なぜローマ帝国は衰退したか。なぜイギリスは興隆し、衰退し、また持ち直しつつあるのか。

福沢はインドとトルコを取り上げ、一時的に盛大であったが、それは必然でなくたまたま少数の指導者が優れていたからだと言う。指導者が優れているだけでは国家の隆盛は続くものにはならない。必ずその国を凌ぐ国家が出てくる。指導者が何代も続けて優れているとは限らないからだ。

したがって、大事なことは、国民一人ひとりのレベルである。独立し、自立し、世界を見て自分のレベルを上げていける人たちの存在である。真の国の力は国民一人ひとりがどれだけ学ぶ人であるかによるのだ。日本が今日まで何とか独立し、西洋に負けないほどの力をつけられたのも、国民一人ひとりの学ぶ力の向上のお陰である。

しかし、いつもこれは問われている。国民が向上心を失い、独立心を失い、学ぶ姿勢を失えば一気に衰退していくのである。

結局、国家の行方も、国民一人ひとりの姿勢と生き方と実践にかかっているのである。

Column インプットとアウトプット

福沢諭吉は、学問は内（インプット）ばかりに向けてはいけない。外（アウトプット）が大切なのだと十二編の中で力説している。

しかし今の日本の教育の現状は逆に厳しい。

立花隆氏が東京大学教育学部でゼミ指導をしてまとめた本の中に、次のようなコメントがある。

「今の日本の教育体系では、もっぱら知識の注入だけが行われており、いかなる形であれ、知的アウトプットの訓練がおざなりにされている。しかし私にいわせれば、学習というのは、知的アウトプットができるところまでいって、はじめて完了する。

学習とは知的インプットのことだとばかり思っている人は誤りである。頭に知識を山のように詰め込んだつもりになっても、その知識をアウトプットする知的文章も書けなければ、知的発言もできない人はただのバカと同じである。主観的には大インテリになったつもりでも、客観的には、知的アウトプットがゼロの人は、頭に知識が何もない人と同じである。具体的な知的アウトプットをまだ試みたことがない人は、自分の知的能力をまだ客観視できるレベルにいないのだということを知っておくべきである」（『二十歳のころ』新潮社）。

アウトプットとは実践ということである。人はいかに学んだとしても現実にそれを活かさないといけないのである。

また、アウトプットとしては文章を書いたり、人前でスピーチをすることも入る。これもよくできるようになりたいものである。

第十三章　十三編

（明治七年十二月　出版）

――他人とよく交われば
人間関係もよくなる――

1 怨望の害は精神活動の自由を妨げることで生じる。

およそ世の中で不道徳なことがたくさんあると言っても、怨望《えんぼう》（人を恨《うら》み不平に思うこと）ほど害の大きいものはない。

欲張りでケチ、度を越す贅沢、他人の悪口など、いずれも不道徳の典型ではあるが、これをよく調べてみるとそれらが出てくる原因自体が悪いとは言えない。これが出る場所と、その強弱の度合と、向かうべき方向によっては不道徳なこととは言えなくなる。

例えばお金がどこまでも好きな、欲張りでケチな人間がいる。しかしお金が好きなのは人の自然な心とも言うことができ、その自然な心にしたがってそれを満足させようとすることは、決して非難されるべきことではない。ただ、普通では考えられないほどの大金を得ようとしてその場所を誤り、お金を好きな心の強さが限りなく大きくてまともでなくなったり、お金を求める方向を間違って、不正を行ってしまうときなどには不道徳と言われるのである。したがって、お金が好きな心の働きを見て、すぐに不道徳と決めるのはいけない。

徳と不道徳の分かれ目には一つの道理があって、その分かれ目の内側にあるときはこれを節約とか経済的と言われ、まさに人が努めるべき美徳の一つとなるのである。

贅沢も同じである。ただその人の身のほどを越えるかどうかで不道徳かどうかが決まる。

軽くて暖かい服を着たいとか、心地よい家に住みたいと思うのは人として当たり前のことである。当然の欲求を満たすことを不道徳なこととは言えないであろう。財産を蓄え、ほどよく使い、分を越えなければ、これは人間としての美点と言ってよいだろう。

また、他人をおとしめる悪口と、他人へ加える反論も紙一重のものである。他人を間違った情報でおとしめようとするのを悪口と言い、他人の問題点を指摘し、自分が正しいと思うことを主張するのを反論と言う。世の中でいまだにこれが真実で間違いのない道理というのが見つかっていない間は、人の議論もどちらが正しいかを決めてしまうことはできない。正しいかどうかがまだわからない時には、世界の世論をもって正しい道理とすべしと言われても、その世論がどこにあるのか明らかにすること自体がそう簡単なことではない。

したがって他人の悪口を言っているからと言って、すぐに不道徳な者と決めつけてはいけない。それが他人をおとしめる悪口なのか、正しい反論なのかを区別するには、まず世界中を見て正しい道理が何なのかを求めなくてはならないのである。

その他、傲慢と勇敢、粗野と率直、頑迷と実直、軽薄と鋭敏などもすべて相対的であり、いずれもそれの働く場所、強弱の度合い、向かう方向によって不道徳になったり、道となったりするのである。

しかしこれに対して、その出てくる本質のところからして不道徳なものであり、発揮される場所や方向にも関係なく不道徳以外の何ものでもないのが、怨望である。

怨望は心の働きが陰であり、前向きなところがなく、他人の状況を見て自分の中に不平に思う心が起き、自分のことは顧みずに他人のことばかりに目がいってしまうのである。そして自分の不平を満足させるために他人に害を加えるのであって、自分に利益を得ることもないのである。

例えば、他人の不幸と自分の不幸を比較して自分の方が不幸であるとき、自分の状態を良い方向に進めて自分を満足させるのではなく、他人が不幸に陥り他の人の状態を悪くさせることで自分の心を満足させようとする。人を憎んでその人の死を願うなどはこれである。このように、他人を憎むことは世の中における幸福を攻撃し奪うだけで、社会の利益になることは何もない。

欺いたり、騙したり、偽ったりする悪事も悪徳なことであるから、これを怨望と比較し、違いはないのではないかと言う人もある。確かにそうだが、原因と結果を区別して考えてみると違いがないとは言えない。欺き、騙し、偽りは、もとより大変な悪事であるが、これは他人への怨望を原因とするのではなく、怨望から生じた結果である。

怨望というのは悪の根源のようなものであり、人間の悪事でこれを原因としていないものはないと言っていいくらいである。

猜疑すること、嫉妬すること、恐怖すること、卑怯なことなどもすべて怨望から生じる。それらは内緒話、密談、陰謀などのように内に隠れるようにでてくるものもあれば、徒党、暗殺、一揆、内乱など外に向けられて爆発してしまうものもある。

まったく国の利益になることがないこの災いが日本中に波及すれば、すべての人に被害が及ぶことになる。いわゆる公共の利益を自分勝手に奪ってしまう者と言ってよいだろう。他人への妬みが人間社会に与える害はこれほどすさまじいものがある。


ではその原因は何かと考えると、それはただ「窮《きゅう》」の一点にある。ただし、この窮は困窮・貧窮の窮ではない。人の言動を抑え込み、人の自由な活動を妨げるなどのように、人の生まれついて持っている自由な精神活動をなくしていくような「窮」である。貧困が怨望の源とすると、世の中の貧しい人は皆、不平を訴え、裕福な人を怨《うら》みの的としてしまうのである。そうなると人間の社会は一日としてうまく保てないであろう。しかし事実はそうなっていない。

いかに貧しい者でも自分の貧しさの原因を知り、その原因が自分にあることを理解していれば、決してみだりに他人を怨望することはしない。その証拠をことさら挙げることはないであろう。今日において世界中に貧富貴賤の差があるが、人間の社会が保たれているのを見ると明らかであろう。

だから私は言うのだ。富貴であることが他人への怨《うら》みの中心ではなく、貧賤は不平の源ではないと。

こうして考えてみると、怨望は貧困から生じるものではないことがわかる。それは人の生まれつき有している精神の活動の自由が妨げられしまうことから幸福も、不幸も偶然によって決められてしまう状況にときに多く生じるのだ。

昔、孔子が「女人と小人は近づけ難し、さてさて困りいったことなり（教養のない女子と身分の低い召使いは扱いにくいものだ。本当に困ったことだ）」と嘆いたことがあった。今考えると、これは孔子が自ら原因をつくって自らがその弊害を述べたものと見るべきである。

人が生まれついて持っている本来の精神は男も女も異なるものではない。また小人というのは身分の低い召使いということであろうが、身分の低い召使いから生まれた者が必ずそうなるとは限らない。身分の低き者も貴人も、生まれたときから人として本来持っている性質に違いがあるわけではないのは言うまでもない。それなのに「女」と「小人」だけに限って取り扱いに困るなどとは何ということであろうか。普段から卑屈になるように民に教えを説き、か弱い婦人や自分の召使いたちを束縛して、精神活動の自由をまったく与えなかったために怨望の気風を生んで、それが極度にまで達してさすがに孔子様も嘆かれたのであろう。

　そもそも人はその持って生まれた精神活動の自由を制限されると、いきおい必ず他人を怨望するようになるものだ。この因果応報が明らかなのは、麦の種を蒔くと麦の穂が出てくるようなものだ。聖人と呼ばれる孔子がこのことをわからず、どうすればいいのかも考えず、ただ愚痴をこぼすとは情けないことではないか。

　しかし考えてみれば、孔子の時代というのは明治の時代を遡ること二千三百年余である。野蛮で未開な時代であったから、孔子の教えもその時代の風俗や人情に合わせたものであろう。その時代の人たちの人心を治めるためには、良くないことと知りつつも人を束縛してしまう考え方をとったと思われる。もし孔子が真の聖人であり、後々の世を洞察できる力があれば、当時の教えが正しいとは思わなかったはずである。

　したがって後世に孔子を学ぶ者は、時代がどうであったかを考えて解釈していかなくてはいけない。二千年以上も前の教えをそのまま明治の時代に当てはめて活用しようという者は、正しく物事の評価ができる人ではなく、共に語り合いたいとは思わない。

人を恨む心

世の中で不道徳と言われているもの

欲張り・贅沢
人間の自然の心から出てくるもの

悪口
人に対しての反論ということもある

傲慢・粗野・頑迷・軽薄
すべて相対的

↓

すぐに不道徳とは決めつけられない

本質・強弱・向かう方向
によって不道徳ともなり道ともなる

しかし

人を恨むことは
不道徳以外の何ものでもない!

- 人を恨む心は諸悪の根源
- 人を恨む心の出方には2種類ある

①内に隠れて出るもの:内緒話・密談・陰謀
②外に向けて爆発するもの:徒党・暗殺・一揆・内乱

発生する原因は「窮」

人が生まれ持っている
精神活動の自由を妨げてしまうから

2 自由が認められている社会では、すべての結果は自己の責任と考える。

比較的近い時代における怨望の例を取り上げて論じてみたい。

怨望が社会に広まり人間関係をおかしなものにしてしまったものに、江戸時代の各大名の屋敷で奥向きの用のために仕えていた御殿女中《ごてんじょちゅう》が挙げられる。大奥（江戸城）を代表とする御殿においては、無知・無学の婦女子たちがそこでたくさん生活し、無知・無徳の殿様に仕えるのである。

勉強することが誉められることではなく、怠けているからといって罰せられることもない。しかし、正しいと思って諫《いさ》めると叱られることがあるし、諫《いさ》めなかったとして叱られることもある。正直に言っても善いと言われることもあるし、言わなくても善いと言われることもある。偽っても悪いと言われることがあるし、偽らなくても悪いと言われることがある。

ただ朝から晩まで臨機応変に生活し、ただ殿様の寵愛を夢見ているのである。これはまるで、当てる的のないところに矢を射るようなものである。当てたのは巧いからではなく、当たらなかったのも下手だからではないのである。つまり人間社会とは別の世界のことだと言ってもいい。

このようなところに生活していると喜怒哀楽の心もゆがみ、性格はまともでなくなり、他の人間社会の常識は通じなくなるだろう。たまたま仲間の中から出世していく者があっても、その出世の方法など学ぶこともできないから、ただこれを羨《うらや》むようになるのだ。

これを羨《うらや》むあまりにこれを妬《ねた》むようになる。仲間を妬み殿様を怨望するのに忙しくて、とても御家のためなどと考える暇などあろうか。忠信《ちゅうしん》（真心を尽くし偽りのないこと）、節義《せつぎ》（人として正しい道を守ること）は表向きの看板だけで、その実態は、人が見ていなければ畳に油をこぼしても拭きもせず、そのまま放置するのである。

ひどい時には、殿様の一命が危なくなっている病気の時でも、普段からの仲間同志のにらみ合いに気をつかってばかりで看病もろくにできないのである。さらにひどくなってしまうと、怨望、嫉妬が極度に達して、毒殺事件が起こることもまれではない。

昔からこの毒殺事件の数を記録したスタティスティック（統計）の表がある。これを見るに、御殿で行われた毒殺の数と一般の社会で行われた毒殺の数は、前者がいかに多かったかがよくわかる。怨望の災いがいかに恐怖すべきものかがわかるというべきではないか。

右の御殿女中のことからして、ほぼ世の中のこともわかると言うべきであろう。人間最大の災いは怨望にある。妬みの源は精神活動の自由を束縛するところにある。

だから言論は自由でなくてはならない。だから人の行動を妨げてはいけない。

試みに英米の国々とわが日本の状況を比較してみて、どちらの社会が先の御殿の状況から脱しているのかを見てみてみたい。

私が思うに、今の日本を見て、御殿の状況とまったく同じだとは言わないまでもかなり近いところにあるのに対し、英米の国々はこれからうまく脱してかなり遠いところに来ているようである。

英米の人々の中にも欲張りでケチな者、度を越えた贅沢をする者、粗野で乱暴な者もいるのは確かである。そして、偽ったり騙したりする者もいたりして、その社会がすばらしく美しいとは決して言えない。しかし、隠れて他人を怨望するということについてはわが国の状況とはかなり違っている。

今、日本においては識者たちが民撰議院設立（国民投票による議会の設立）を求め、出版の自由を求めて議論している。その議論の評価はさておき、こうした議論が起こってきた訳は次のようなことであろう。

すなわち、今の日本国中を昔の大奥などのような御殿のようにしてはいけないのであって、日本人を御殿女中のようにならせてはいけないのである。怨望によらない活動をさせ、嫉妬の念を断ち切らせ、自由な立場で競争する勇気を励ますのである。幸せも不幸も、名誉も汚名もすべて自分の活動の結果なのである。世の中の人すべてが、自分のことは自分の責任で行うというようにしたいということなのである。以上が議論の背景だと私は見ている。

人民の言論の自由を制限しその行動の自由を妨害するのは、もっぱら政府との関係で起きる問題である。したがって、これは政府だけの弊害のようだが必ずしもそうではない。国民の間においてもこのような問題がかなり起きていて、政治の改革だけではすべてを解決することはできない。

そのことについて、補足としていくつか論じておきたい。

元来、人の持って生まれた性質は人と人との交際を好むものであるが、習慣によってはこれを嫌うようにもなる。世の中には変わった者もいて、わざわざ山村の僻地に住んで世間の交際を避けたりする。隠者《いんじゃ》とも言う。また隠者とまでは言わなくても、人とのつき合いを好まず家に籠もって、「俗塵《ぞくじん》を避ける（世間の煩わしさを避ける）」などと言って得意になっている者もいる。

これらの者は、政府の政策、対応を嫌って身を人から遠ざけているのではない。自分の心や意志が弱くて人と接する勇気がないのである。だから度量が狭くなっていき人を受け入れることができないので、人も自分を受け入れてくれなくなる。お互いに少しずつ遠ざかっていき、ついには人間同士の関係ではないようになる。こうして敵《かたき》のようになってお互い怨望することになるのだ。これも世の中にとって大きな災いと言えよう。

また、相手の人物を見もしないでその人がやった事だけを見たり、その言動を遠くで伝え聞いて少しでも自分の考えていることと違っているところがあると、相手を思いやり同情する心を持つどころか、かえってこれを忌み嫌い、憎むようにもなったりする。これはその人の生まれつきの性質と後の習慣によってそうなるのである。

物事を相談するときに、伝言や手紙ではまとまらない話を、直接会うとうまくいくこともある。また人がよく使う言葉に、「本当はこのような訳なのだが、面と向かってはそうも言えないでしょう」というのがあったりする。これも人間の自然な人情であって、相手を許そうという思いやりの心なのである。この思いやりの心を生ずるときには心がお互いに通じあって、怨望や嫉妬の念はたちまち消えていくはずである。

昔から暗殺の例は数多いが、私はよくこう言う。「もし機会をつくってあげて、殺す者と殺される者とを数日間、同じ場所にいさせて、お互いに隠すことなくその思っていることをすべて話し合ったら、いかなる仇敵でも和解するだけでなく、無二の親友となることもあるだろう」と。

このように見ていくと、言論や行動の自由を妨げるのはただ政府の弊害ではなく、私人間にもあることであり学者においても例外でないのだ。

人生を活発に生きていく気力というのは、物事に接しないと出にくいものである。自由に物を言い、自由に働き、裕福な者も貧乏な者もそれはただ、自分が選んだ生き方の結果であるようにすべきである。他の者がその自由を妨げるような事をしてはいけないのである。

すべては自分の責任

人間最大の災いは他人への恨みの心

言論は自由でなくてはいけない
人の行動を妨げてはならない

恨みによらない活動
嫉妬の念を断ち切る
自由な立場で競争する

- **幸せも不幸も、名誉も汚名もすべて自分の行動の結果**
- **自分のことは自分の責任で行う**

十三編は怨望（人を怨み不平に思うこと）の弊害とその原因を解明している。

そして日本社会に怨望がはびこっているのは、長い間精神活動の自由が妨げられていたためであるからとしている。

しかし、これからの時代は、他人を妨げなければ個人個人に自由な活動が認められているのだから、すべての結果に対しては、自分の責任だとの自覚を持ってほしいと注意している。

福沢諭吉自身の性格は自伝などを読むとすぐにわかるが、まことにカラリとしている。天性の性格と、長崎、大阪、江戸、アメリカ、ヨーロッパといろいろな世界で学び、本を読み、体験していったことから、前向きで明るい、まっすぐカラリとした性格となっていったのであろう。

諭吉自身、人生において困ったとか、あきらめるとか、思うことはほとんどなかったと言っていた。諭吉の性格、考え方、生き方そのものが、私たち日本人が学ぶ一つの真に成功するための教科書に思えてしかたない。

日本人の欠点として今でもよく言われるのが、島国根性、嫉妬心の強さである。

諭吉は諸悪の根源である怨望は、自由な社会では少なくなっていくだろうと見た。確かに、自由が認められていない社会では、怨望はよりはびこるであろう。ただ、自由が認められるようになっても、人間の本性としての他人への恨みや嫉妬心はすべてなくなるわけではない。

これは個人差も大きい。特に日本人社会は他人との比較を気にする社会であり、横並び社会という特色がある。だから、自分の価値判断を大事にして行動し、結果を自分の責任と思うようにいかない。カラリとしていないのである。私はまずこれを脱して諭吉の言うように自由・独立のやりたいことを実現していくようにすればいいとの考え方に変えなければと考える。人に交わることをせず、他人に会って話しを聞き、学ぶことをしないようではいけないのだ。

狭い世界に閉じこもっていると、どうしても他人を悪く見てしまいやすい。人は人間関係の中でしか生きていけない。だったら良い人間関係をつくりたい。

そのためには明るく、前向きな、カラリとした生き方を目指し、他人とも積極的に交わり、良いところを吸収していくように心がけるのである。

すべて物事がうまくいくかいかないかは、こうした自分の心がけ次第なのである。それをこの編の内容や諭吉の人生でよく学んでいきたいと思う。

Column

御殿女中

御殿女中とは、江戸時代の将軍家や大名家の奥向きに仕えた女中のことを言う。

ここでは陰謀ごともとても多かったため、御殿女中は陰険な策をめぐらし、他人を陥れようとする女とか、意地の悪い女のことを指す言葉としても使われるようになった。

また、江戸城の奥向き（御殿）のことは、特別に大奥と呼んだ。

「奥向き」とは何か。それは殿様の子を産ませるための女性が住むところである。封建の世では、殿様をはじめとして、それぞれの家が跡継ぎをつくることに最大の関心がある。だから何人もの女を側に置くことになる。まわりも権力に近づくために何とか自分の娘を御殿に入れようと画策した。

どんな間抜けでも愚か者でもいいから、子ができればいいのである。そして自分の産んだ子が継ぎの殿様ともなれば、その女を中心とした家や女中たちが権勢を誇ることになる。

だから、どんな手を使ってでも殿様の関心を自分の方に向けさせ、寵愛を受け、子を産みたくなるのである。子を産んだら産んだで、世継ぎにする策謀を重臣の誰かと組んであれこれ策謀する。

これは日本だけではなく世界中に見られたことである。“酒池肉林”でも有名になった商（殷）の紂王《ちゅうおう》とその愛妃である妲己《だっき》をめぐる話などもその例であろう。

階級、身分社会における必然のものかもしれない。

第十四章　十四編

（明治八年三月 出版）

――計画を立て、それを定期的にチェックしろ――

1 計画を立て実行するときは、定期的にそれをチェックする。

人が世の中を渡っていく姿を見ていると、自分の心に思っているよりも案外悪いことや愚かなことをしているものである。そしてまた、心の中で考えたほどは成功していないものである。

どんな悪人でも生涯の間、勉強して悪事のみをやろうと思う者はないが、ふとしたことから悪い心を生じさせ、悪いことだと知りながらも自分の中ではいろいろ勝手な理由をつけて無理に自分を慰めている者がいる。また、事を行うときは決して悪事だと思わず、まったく恥じるところもなく良いことだと信じて行うこともある。その時に他人から注意でもされようものならこれに対して怒り、恨んだりもするほどである。しかしこれも年月がたって後で考えてみると、自分の行動がいかにも思慮の足りないことであったかと恥ずかしく思うこともある。

人は生まれもっての知能に強弱の差はあるかもしれないが、自分のことを鳥や獣《けもの》の智恵にもかなわない人間であると思う者はいないはずだ。

世の中にある様々な仕事の中から、この仕事であれば自分でもうまくいくと考え、やってみたものの、思っている以上に失敗が多く世間からも笑われ、自分も後悔することがある。

世の中で事業を計画しやってみたものの、失敗した者を外から見ると実に愚かで笑ってしまうことがある。しかし、これを計画し、やった人はそんなに愚かでもなくて、うまくいかなかったその中味を見るともっともな理由があったりもする。

このように、世の中のことはすべて生き物のように変化していて、それを予測することは難しい。だから能力があって智者と言われる人でも、意外に愚かな失敗を犯してしまうものなのである。

人が計画を立てるときは、つい大きくなりすぎてしまうものである。物事の難易や大小、そしてどれくらい時間がかかるものかを把握することは難しい。

フランクリンは言った。「時間は十分にあると思っていても、実際に行っているうちに必ず足りないと思うようになるものだ」と。確かにそのとおりだと思う。大工に家の建築を頼み、洋服屋に服の仕立てを注文しても、十中八九その期限が守られない。これは大工や洋服屋がわざと遅らせてやろうと思ってやったわけではない。注文を受けた時に、仕事の運び具合やかかる時間のことを正確に読めなかったため、最初の約束の日時を守れないのである。

この時、世間の人は大工や仕立屋に遅れたことを責めることが多いが、確かにそれも言い分はある。大工や仕立屋は必死に謝るばかりだが、その責めている注文主自身が自分の仕事において約束の日時を守っているかは怪しいものである。田舎の学生が故郷を出るとき「どんな苦難にも耐えて、三年で学問を身につけるぞ」と自分で決めてきたが、その自分との約束は果たせただろうか。どうしても欲しかった原書を大変なやりくりをして無理して買った者が「三ヶ月でこれを読み終わる」と決めたが、果たしてそれは実行できたであろうか。

政府の役人に採用された有望な若者の仕事でも同じであろう。「自分の立てた計画をこのように実行していけば、半年で政府への評価がこんなにも高まるにちがいない」と何度も意見書を提出し、それが認められて役人となれたとする。では彼は、その後意見書のように仕事をしただろうか。貧乏学生が「自分に万両の大金があれば、明日から日本国中に学校を建て、どんな貧乏な人でも勉強できるようにする」と言っていたとする。運良く三井や鴻ノ池などの大富豪の養子となれたときに、果たして言ったことを実行するだろうか。

このような話はいくらでもある。みんな本当にできるかどうかという事の難易と、どれくらいかかるかの時間の長短をよく考えていないからである。どちらについても人は簡単に見すぎるのである。

世の中を見ると、何か事を計画する人の中では、「一生のうちに」とか「十年以内に」これを実現するというのが最も多いようだ。「三年のうちに」とか「一年以内に」と言う人はやや少ない。「一ヶ月以内に」とか「今すぐにこれを行う」という人はほとんどまれである。「十年前に立てた計画をすでに成し遂げた」というような人は見たことがない。このように、期限の長い計画を立て未来を語るときは大きなことを考えているが、期限が近づいてくるとその計画が実現できるかどうかについてははっきり言わなくなってくる。

以上のように、人生においては真面目にやっていこうと思っていても悪いことをしてしまったり、智恵があるように見えても案外愚かなことをしてしまったりして、計画した事業もなかなかうまく成し遂げられないものである。

これを防ぐための方法はいろいろあるだろうが、人があまり気づいていない一つのことがある。それは、計画したことのうち、これまでに何が成し遂げられて、何が成し遂げられていないか、そしてその利益と損失を時々自分で計算してみることである。これは商売でいうところの棚卸しをして、すべての勘定を計算し決算することである。

およそ商売においては、最初から損をするつもりで始める者はいない。まず自分の才能と元手の資金を考えて、世間の景気を見て始めるだろう。日々変化する世間の情勢の中で、時には当たり時には外れる。この仕入れで損を被りある販売では利益を得たりする。こうして一年の終わりや月の終わりにすべてを計算してみて決算をやると、見込み通りに行くこともあるし、あるいは大きく違ってしまったこともあるだろう。また商品の売買が頻繁に行われていて、この商品でかなり利益が出ただろうと思って損益計算をしてみると、予想に反して損をしていたのがわかったりもする。あるいは仕入れのときには商品が不足するだろうと思っていたのに、棚卸しのときに残品を見ると商品の販売に時間がかかりすぎて仕入れの数が多すぎたということもある。だから商売で大切なのは、日々帳簿を正しく記入し、定期的に棚卸しをしっかりやり、決算して損益をはっきりさせておくことである。

人生も同じである。人間の人生商売は、十歳前後の人間としての一人前の心ができあがる時より始まる。普段から知識や人としての徳などの帳簿を正確に記録し、できるだけ損をしないように心がけなくてはいけない。

過ぎた十年の間に何を損し、何を得したのか。今の自分は何を仕事とし（何を学び）、その成功の具合はどうか。今は何を仕入れ、仕込み、いつどこでそれを売り、活かすのか。いつも心という店の管理は行き届いているか。「遊びにふける」とか「怠ける」とかの、心という店の使用人のために穴が開けられていないか。来年も同じような商売の方法で大丈夫なのか。さらに知識や人としての徳という利益を増やす方法はないのか。こうしてすべての帳簿を点検して決算すれば、過去や現在の自分の悪かった点が多いことがわかるだろう。

その例を少し見てみたい。

貧しいのは武士の常であり、主君に忠を尽くし国に報いるのだと言いつつ、百姓の米を食いつぶし得意になっていたのが武士だった。今の時代になってこの士族たちの中で生活に困った者は、西洋から小銃が輸入されるのを知らずに日本の刀剣を仕入れ、少しは売れたものの多くの売れ残りを抱え、後悔している。

和漢の古典ばかりを研究してばかりで西洋の新しい学問に目を向けない者は、古くからの学問ばかりを信じて疑うことを知らない。しかし、これは夏に蚊帳《かや》がたくさん売れ景気が良かったことを忘れられずに、冬が始まったというのに蚊帳を仕入れるようなものである。

青年の学生がまだ学問をよく身につけていないのに目の前の就職口に飛びつき、一生を大したことのない仕事しかできないのは、仕立て途中の服を質屋に入れて流してしまうようなものである。

地理や歴史の初歩も知らず、日用の手紙をろくに書けない者がとても高尚な本を読みたいと思い、読んでみるものの始めの数ページで行き詰まり、また別の本に移ろうとする。これは元手なしに商売を始めて、その日のうちに商売を替えてしまうようなものだ。

和漢洋の本を読んでも日本や世界の情勢を知らず生計を立てるにも苦しんでいる者は、そろばんを持たずに雑貨屋の商売をしているようなものだ。

政治のことはわかっていても自分の心を修められていない者は、隣の店の商売のことをアドバイスして、自分の店には泥棒が入っても気づかないようなものである。

口先で流行の新知識を唱えているが心から理解などしておらず、自分のレベルもよくわからない者は、商品の名は知っていてもその値段を知らない商人のようなものだ。

こうしたおかしな者たちが今の世の中には珍しくないのである。その原因は何かというと、ただ流れにまかせて生きていて自分の状況を注意、点検していないからである。

だから商品の状況を明らかにしてその後の方針を決めるのは、帳簿の記入、点検そして決算であり、自分の人生の状況を明らかにしその後の方向を決めるのは、自分自身の知識や人としての徳などの人間の棚卸しをすることなのである。

計画どおりいかない理由

思ったとおりにいかない

心に思っているより悪いことをしてしまう
心に思っているより愚かなことをしてしまう
うまくいくと思った事業でも失敗する

↓

すべて生き物のように変化していて予測することは難しいから

計画したとおりにいかない

大工や仕立屋は期日に遅れる
学問を修める期限が守れない
役人の計画は実行倒れ
貧乏学生の志は豊かになっても実行されない

↓

事の難易・どれくらい時間がかかるかをよく考えていないから

計画倒れをふせぐ方法

進捗状況と損得を定期的にチェックすること

- 何が成し遂げられたのか
  何が成し遂げられていないのか
- 損をしているのか
  得をしているのか

→ **棚卸し**

帳簿を点検して決算する

今、何を仕事とするのか
今、何を学ぶのか
心という店の管理は行き届いているか
怠ける心という使用人のために損をしていないか
来年も同じような仕事・勉強をしていてよいか
人としての徳という利益を増やす方法はないか

2 保護と指図・命令のバランスを崩してはいけない。

世話という言葉には二つの意味がある。

一つは保護の意味であり、一つは命令の意味である。

保護というのはその人のそばにいて他から身を守ってあげ、あるいはこれに財物を与えたり、その人のために時間を使い、利益や名誉を失わないようにしてあげることである。命令とはその人のためを考えてその人に役立つことであると判断したことを指図し、役に立たないことはしないように注意するなど、心を尽くして忠告することである。このように、人を世話するというのは、保護と指図・命令の両方を含んでいるとき真の世話となり、世の中はまるく治まる。

例えば父母が子供に対して衣服と食事を与えて保護し、子供は父母の言うことを聞いて指図・命令を受ける。これで親子はうまくいく。また政府においては、法律で国民の生命と名誉と私有財産を大切に保護し、国民は政府の指図・命令に従えば公と私の関係がまるく治まるのである。

このように保護と指図・命令とはぴったりと重なり合わなくてはいけない。保護の至るところは指図・命令の及ぶところである。指図・命令の及ぶところは必ず保護の至るところでなくてはいけない。この二つの間にわずかでも齟齬《そご》があるときはたちまち問題が起こり、災いの原因となる。世間にこうした例は多い。なぜなら、世の人々が世話の意味を間違えてしまい、あるいは保護の意味だけととり、あるいは指図・命令の意味だけに解しているからである。こうして一方の意味だけとして考えると大きな間違いが起きるのである。

例えば、父母の指図・命令を聞かない道楽息子にお金を与えて道楽・放蕩させれば、保護の世話は行われても、指図・命令の世話は行われていないことになる。子供は父母の命令に従って家で謹慎しているのに、この子供に衣服も食事もろくに与えず勉強もほとんどさせないというのは、指図・命令の世話だけして保護の世話を怠っている。前者は過保護であり後者は無慈悲である。ともに人間の悪事というべきである。

古人の教えに「朋友《ほうゆう》に屢々《しばしば》すれば疎《うと》んぜらるる（論語）」というのがある。その意味は「自分の忠告を聞き入れない友に向かって、余計な親切心から友の気持ちも考えずにいろいろと意見を言うと、ついには愛想を尽かされ、嫌われ、あるいは疎まれたり馬鹿にされたりしてかえって良くない。だからほどほどにつき合うのが良いということだ」となる。この趣旨も指図の行き届かないところには世話をしてはいけないということである。

また、昔かたぎの田舎の老人が本家の古い家系図を持ち出してきて、家庭内のことに口出しする。あるいはお金もない叔父が実家の姪を自分の家に呼びつけて家事をやらせ、その薄情を責めたり気遣いが足りないと叱る。ひどいときには姪が知らない祖父の遺言などと言って姪の家の財産を持ち出そうとする。これは指図の世話が行き過ぎているのに保護の世話がまったくないという例である。「大きにお世話」とはまさにこのことである。

また、世の中には貧民救済といって相手の人物の善し悪しも見ず、その貧乏の原因も調べず、ただ貧乏の状態だけを見て米やお金を与える人がいる。独り身の孤独な者や頼るべきところもない者への救済は良いけれども、五升の米を恵み与えてもらっていながら、三升をお酒に替えて飲むような者もいるのだ。禁酒の指図もできないのにみだりに米を与えるのは、指図の行き届かないところに保護が度を越してしまっているのである。「大きにご苦労」とはこのことである。イギリスなどにおいても、救済の方法に困っているのはこの点であるという。

以上の考え方をもって一国の政治を論じてみたい。

国民は税金を支払って政府の費用を賄い、国民の財政を保護している。しかし専制政治においては国民の助言を少しも取り入れないし、助言を言うべき場所さえない。これでは保護はしているのに、指図・命令の道が閉ざされていることになる。国民の状況は「大きにご苦労」である。こうした例はいくらでもある。

この世話の言葉の意味する「保護」と「指図・命令」という二つの関係は経済の最も大切な原則である。したがって人間の社会においては、職業が何であろうが、事柄の軽重に関係なく、この関係を常に注意しなくてはいけないのである。

このような議論に対しては、すべてそろばんずくで人情に薄いとの批判があるかもしれない。しかし薄くすべきところを無理に厚くしたり、あるいはその実態はあまりないのに見た目ばかりを立派にしようとしたりすると、かえって人間の真心や自然な人情を害してしまうことになる。こうして世の中の人間関係をおかしくしてしまっては、名声を得ようとして実績という大事な物を失ってしまうことになると言うべきである。

ただし世の中の人の誤解を避けるために、念のために付け加えておきたい。

修身や道徳の教えをみるとき経済の原則と違っているようなものがある。なぜなら自分一人の徳行は社会全体の経済にすぐ影響するものではないからだ。見ず知らずの乞食にお金をあげたり、貧しい人に憐れんでその理由を問うことなく多少の財物をあげたりすることもある。これらは保護の世話であるが、この保護は指図・命令とともに行われているものではない。

ただ経済の原則だけをもってこれを論じると良くないことだと言えそうだが、自分一人の徳行において他人に恵む心というのは最も誉められる行いであり、好ましい行いである。

例えば国家において乞食を禁じる法を設けることがあったとしても、人々が自分の考えから乞食に物を与える心は咎《とが》めてはいけない。人間はすべてそろばんだけで物事を決めてはいけないのである。その用いる場所と用いてはいけない場所をしっかりと区別することも、とても大切なことである。

学生たちは経済の原則に酔いしれて、人間として大切な思いやりの心や、一人の人間としての徳を決して忘れてはいけないのである。

世話という言葉の本当の意味

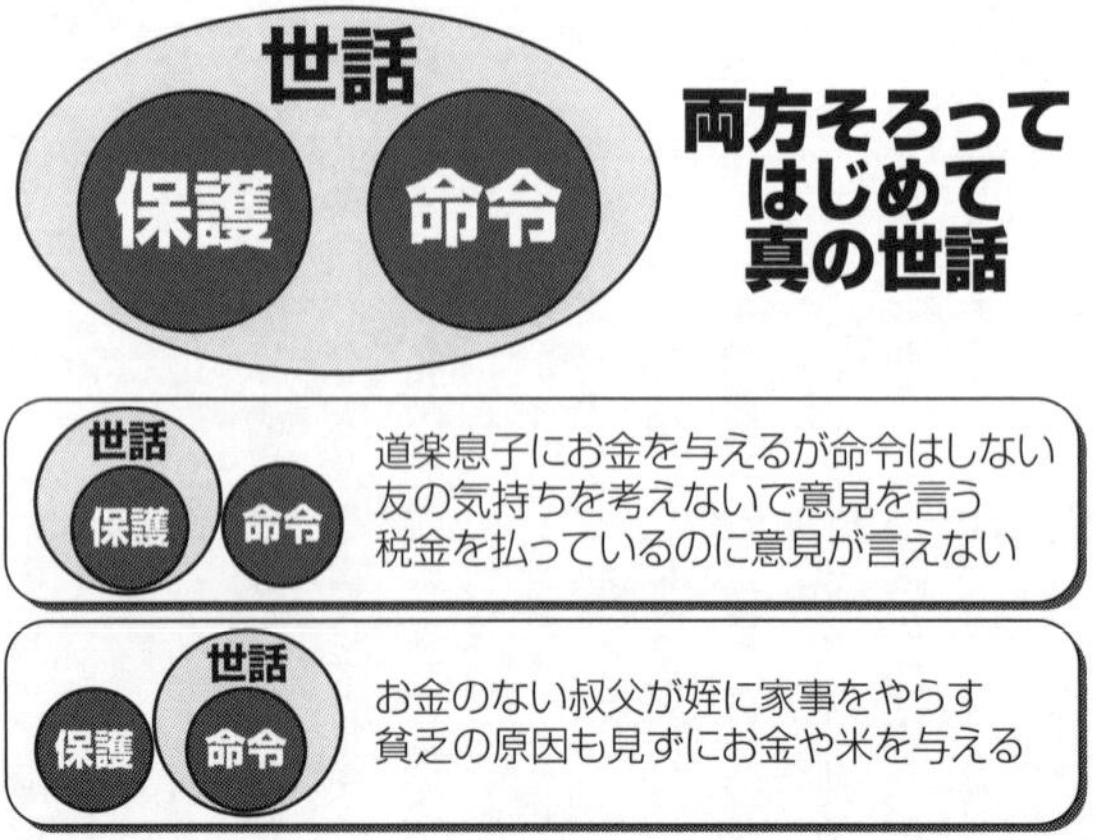
世話
保護
命令
両方そろって
はじめて
真の世話
世話
保護
命令
道楽息子にお金を与えるが命令はしない
友の気持ちを考えないで意見を言う
税金を払っているのに意見が言えない
世話
保護
命令
お金のない叔父が姪に家事をやらす
貧乏の原因も見ずにお金や米を与える

人生においてやりたいことを成し遂げていくために（つまり成功するために）必要なことは、まず自分の目標を立てることである。できれば、これをより明確にするために紙の上に書くのがいい。この目標には、生活の目標、五年目標あるいは三年目標、そして年間目標などいくつか段階を設けてもいいだろう。

福沢諭吉がこの編で強調しているのは、この目標や自分のやるべき仕事については、定期的にチェックしろということである。そして収支は合っているのか、これから何をなすべきなのかなどを知り、それを実行せよと言う。それと同時に心の面もチェックし、遊びぐせ、怠けぐせがついていないかなどを反省しろと勧めている。

二十世紀を代表する経営学の権威ピーター・F・ドラッカーも同じように、目標を立てそれを紙に書き留め、それを毎年定期的にチェックすることが大切であると述べている。これによって「集中すべきことは何か」「改善すべきことは何か」「勉強すべきことは何か」を理解するのだという。それぞれの世紀を代表する成功者である、ベンジャミン・フランクリン、福沢諭吉、ピーター・F・ドラッカーなどが、目標とチェックの大切さを説いていることは、私たちに大きな示唆を与えてくれている。

Column

フランクリンの13徳

「すべての人類の友」とも呼ばれたフランクリンの最も有名な教えは、自伝の中にある13徳の習慣化である。その13徳は次のとおりである。

1　節制　～食べすぎない。飲みすぎない。
2　沈黙　～よけいな話はしない。
3　規律　～物をきちんと整理、仕事の時間を守る
4　決断　～なすべきことはやろうと決心し、
　　　　　　やり遂げる。
5　節約　～無駄づかいしない
6　勤勉　～時間を無駄にせず有益に使うこと。
7　誠実　～人を欺かない。清く正しく行動する。
8　正義　～不正なことをしない。義務は果たす。
9　中庸　～何事も極端でないようにする。
10　清潔　～身体、衣服、住居を不潔にしない。
11　冷静　～心を取り乱さない。
12　純潔　～性におぼれない。
13　謙譲　～他人を立て、自分はでしゃばりすぎない。

フランクリンはこの13徳の表を手帳に書き、日々チェックした。

さらに一日の時間表をつくり、朝5時に起きて夜10時に寝るまでの日々の計画を立てた。

福沢諭吉は『学問のすすめ』でフランクリンの言葉を紹介し、時間がいかに大切かを述べている。

「時はお金なり」というのもフランクリンが広めた言葉である（以上ベンジャミン・フランクリン著、ハイブロー武蔵訳・解説『人生を幸せへと導く13の習慣』『若き商人への手紙』参照。いずれも総合法令出版）。

第十五章　十五編（明治九年七月 出版）

――信じることと疑うことを
見分ける判断力をつけよ――

1 疑問を持つことが進歩を招く。

盲信して生きる世界にはウソや偽りが多くなり、いろいろと疑問を持って生きる世界には真理が多いと言える。

見てみよ。世の中の愚かな人たちというのは人の言葉を信じ、人の著作・小説を信じ、噂を信じ、神仏や占いをひたすら信じているではないか。また、父母が大病しても按摩の説を信じて漢方の草根木皮《そうこんぼくひ》だけを治療に使ったり、家相判断をする者に娘の結婚話を見てもらって良縁を失ったりしているではないか。さらに、熱病にかかっても阿弥陀如来を信じて念仏を唱えるだけであったり、不動明王を信じて三日と七日の日に断食をして命を落としたりしているではないか。こうした人たちの間で行われていることの多くは正しい真理ではないと言える。

真理が少ないということはウソや偽りが多いということである。この人たちは物事を信じるといっても、それは偽りのものを信じているのである。だから盲信して生きる世界にはウソや偽りが多いと言えるのだろう。

天地の間にある有形の物においても、人間に関する無形の物においても、その働きについて疑問を抱き、それを調べ研究することで真実が発見される。これが文明を進歩させるのである。

西洋文明の発達した原因もここにある。ガリレオがそれまでの天動説を疑って地動説を考え出し、ガルバーニはカエルの足が痙攣《けいれん》するのを見て動物の体内電気を発見した。ニュートンはリンゴの落ちるのを見て万有引力の法則を発見し、ワットは鉄びんの湯気に興味をもってあれこれ考えているうちに蒸気機関を発明した。どの事例も疑問を持つことから始まって真理に到達したものである。

これは自然科学ばかりの話ではない。人間社会の発展においても同じことが言える。奴隷売買の制度について疑問を持ち、その禁止に尽力し、その悪習を後世にまで至らせないようにしたのはトーマス・クラークソンである。ローマの教会が専断するキリスト教のあり方に疑問を持ち、宗教改革の運動を起こしたのはマルチン・ルターである。フランスの人民は貴族の横暴に疑いを持ち、革命を起こした。イギリスの植民地だったアメリカの州民たちは本国の押しつける法律や条令を疑い反発して、アメリカの独立を勝ち得ることができた。

今日においても、西洋の多くの学者たちは昔の人たちが固く守ってきた常識に疑問を投げかけ、だれも疑わなかった社会の習慣も疑って、新しい学説を唱えている。これがさらに文明をよい方向に推し進めていくのである。

例えば、今でも男は外に出て仕事をし女は家庭の内のことを守るというのが当たり前である。しかし、スチュワート・ミルは『婦人論』（『女性の解放』）を書いて、この習慣を打破しようとしている。イギリスの経済学者たちは自由貿易主義がいいと述べ、これが世界中で支持されているようだ。しかしこれに対しアメリカの学者の中には、保護貿易主義を唱え自国内だけの経済を考えようと主張する者がいる。一つの学説が出るとこれに反論する新しい学説が出てきて、いろいろな学説が論争を繰り返し、とどまるところがない。

アジア諸国においてはどうだろうか。事実無根のでたらめな説を信じ、巫女《みこ》や占い師、あるいは神仏に迷わされ、昔の偉人の言葉を聞いてそれをすべて信じ、何千年たってもその言葉に縛られている。これでは品行においても、勇気が有る無しなどの心の強さの面でも、西洋人と同列に論じることはできない。

いろいろな学説が論争を繰り拡げる中で、真理はどこにあるのかを求めていくことは、逆風に向かって舟を進めるようなものである。その航路を右にとったり左にとったりし、波に激しくゆさぶられ風にたたきつけられ、数千里の海を航海するが、結果進んだのは三里か五里かにすぎないだろう。

航海においては順風のときもあるだろうが、人間社会ではそんな順風などは存在しない。人間社会で真理に達するための航路は、ただ多くの学説間の論争の中に入っていくしかないのである。そのいろいろな学説が生まれてくるのは、ただ「疑問を抱くこと」からなのである。

人々が疑問を持って生きている世界にこそ真理が多いというのは、そういうことなのである。

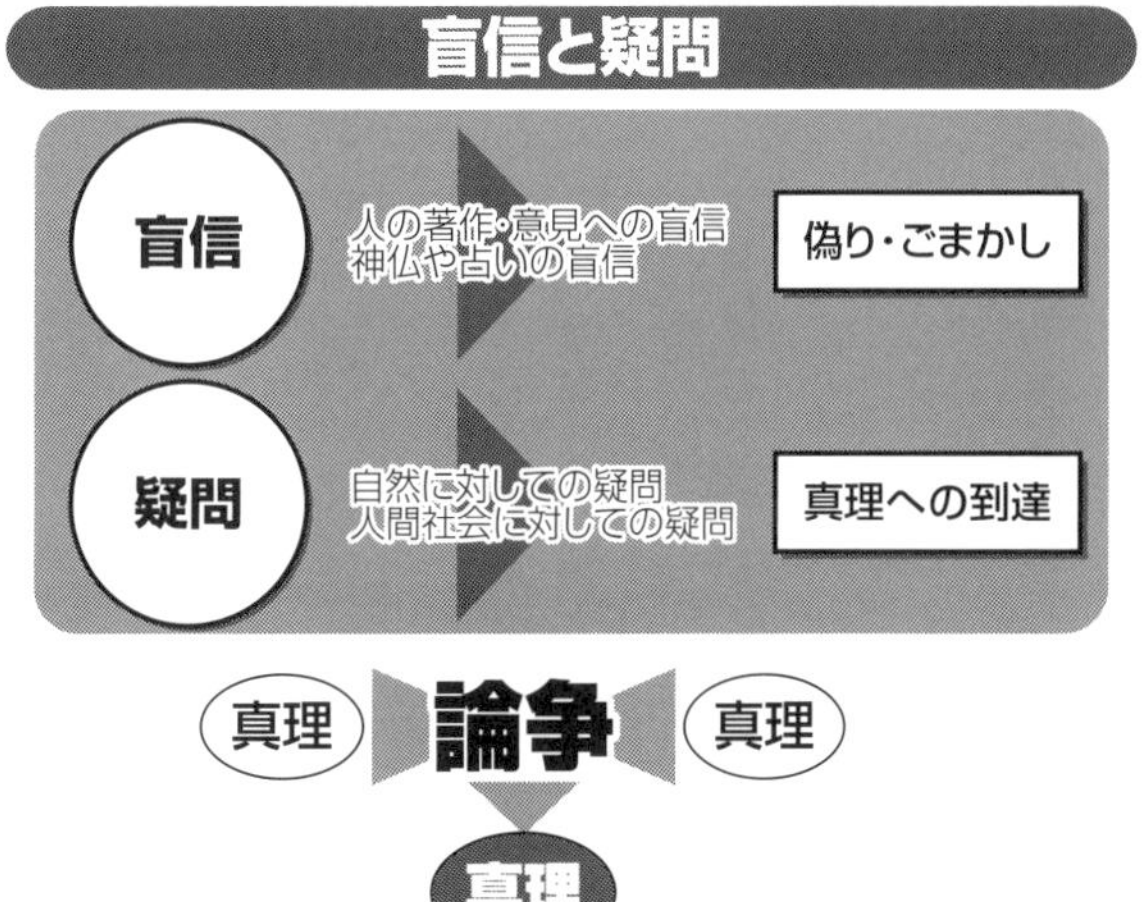

2 学問に励み、信じるべきことと疑うべきことの判断力をつける。

しかし、事物を軽々しく信じてはいけないということは正しいものの、これを疑ってばかりでもいけない。何を信じ、何を疑うのかにつき選択する能力がいるのである。学問の要《かなめ》というのは、その選択をするための智恵を身につけるためにあるのだ。

わが日本においても開国以来、世の中のあり方を変え、政府を改革し、貴族を倒し、学校を創り、新聞社を創り、さらに鉄道、電信、工業を創設し、軍隊の制度も変えた。このようにすべてを古いものから新しいものに変えることができたのは、昔からの習慣に疑問を持ち、これを変革しようと試み、それが成功したからである。

しかし、このように日本人が昔から続いていた習慣に疑いを抱いた原因は何かというと、開国して初めて西洋諸国の文明に接し、そのすばらしさに圧倒され、これを真似ていこうとしているところにある。だから自発的な疑いとは言えないのである。これまで信じてきた昔からの古い習慣をそっくり新しいものに入れ替えたにすぎない。それまで、わが国の人々は東洋の教えを信じていたが、今は西洋のすべてを信じるようになったのである。何を信じ、何を疑うかを選択する正しい能力があるとは思えないのだ。

私はまだ学問も浅く、知識と見識もほとんどないため、何を選択していくかの問題において具体的にそれを列挙することはできないことを自ら反省している。しかし、移り変わりの激しい世の情勢を見ていると、人々はこの勢いに乗せられすぎて西洋のことを信じすぎているし、昔から引き継いできた日本のものについては疑って否定しすぎているようである。そのことについてさらに詳しく述べてみたい。

西洋と日本の国民は風俗が異なり、国民感情も違っている。それぞれの長い歴史の中でそれぞれの国で行われてきた習慣は、あっちが良さそうだからといってすぐに変えることができるものではない。ましてや、西洋のものと日本のものと、どちらが勝《まさ》っているのかまだはっきりとわからないものについてはなおさらである。だから、西洋の習慣を日本に移そうというときはよく考えて、その性質をよく見極めて判断していかなければならない。

しかし現在の状況を見ると、中流以上の改革者を気取る者たちや、自ら文明開化を推進する先生であると自慢気の者たちは、口を開けば西洋文明のすばらしさを誉めている。一人が西洋文明を誉めると万人がこれに賛同し、知識、道徳はもちろん政治、経済から衣食住のことまですべてを西洋のものに憧れ、これを真似しようとしているのである。そればかりか西洋のことをよく知らない者においても、ひたすら日本の昔からの伝統を捨て西洋の新しいものを追い求めようとしている。

どうしてこれほど簡単に西洋のものを信じて、まったく疑うことをしないのだろうか。確かに西洋の文明は、わが国のそれより数段優れていると言えるだろうが、決して完全な文明とは言えないのである。その欠点を挙げればいくらでもある。西洋の風俗がすべて美しくすばらしいものではなく、わが国の習慣がすべて醜《みにく》いものでもない。

例えばここに一人の若者がいたとする。この少年はある学者の先生に接して心酔し、先生のとおりに真似しようと心に決めた。そして書籍を買い、文房具をそろえ、一日中机に向かって勉強するのはいいとしよう。すばらしいと言ってもいい。しかし、この若者は先生のすべてを真似したために、先生の夜のつきあいと朝寝坊する癖まで学んでしまって、ついには健康を害してしまったのである。これを賢い若者と誉めることができようか。できるわけがない。なぜなら、この若者は先生を見て完璧な学者であると信じ、その行いの良し悪しを自ら判断することもなく、すべて同じように真似しようとしたために自らの不幸を招くことになったからである。

中国の諺に「西施《せいし》のひそみに倣《なら》う」というのがある（越国の美女西施が胸を病み、苦しんでしかめた顔を見た女が、これを美女の仕草と思い込んで真似をしたことから、「むやみに人の真似をして世間の物笑いになること」を意味する）。美しい西施が顔をしかめてもそれなりの趣きがあるだろうから、これを真似することを深く咎める必要はないとも言える。しかし学者の朝寝坊にはそんな趣きなどありはしない。朝寝坊は怠惰で不健康な悪癖である。人を尊敬するあまりにその悪癖まで真似するのは、大いに笑われるべきことである。

今世間で開化主義を唱えている者たちには、この若者と同じような状況になっている者が少なくないのである。


仮に、ここで日本と西洋の風俗、習慣をまったく逆にしてみて、開化主義の先生たちに評論してもらうと、次のようなことになるのではないだろうか。

西洋人は毎日入浴し、日本人は月に一回か二回しか入浴しないことから先生は言うだろう。「文明開化の西洋人たちは衛生的であり、文明の遅れている日本人たちは不衛生である」と。

日本人は寝室に尿びんを置いて夜中はこれに用を足し、便所に行っても手を洗わないが、西洋人は夜中でも便所まで行って用を足し、いつも手を洗う習慣があるとして次のように言うだろう。「文明開化の西洋人は清潔好きだが、文明の遅れている日本人は不潔そのもので、何も知らない子供と同じである。日本もこれから文明が開化していけば西洋人のように清潔好きになっていくにちがいない」と。

西洋人は鼻をかむときにはそのつど紙を使って、その使った紙は捨てるが、日本人はハンカチで鼻をかみ、洗濯してまたそのハンカチを使う習慣がある。文明開化の先生はこれを経済の大原則にこじつけて言うにちがいない。「資源の乏しい国土に住む日本人は、資源の節約に心がけるようになる。日本人が西洋人のように鼻紙を使うならば、資源の無駄遣いになってしまうから、不潔になるのをがまんしてハンカチを使い、節約するのである」と。

日本の女性が耳にイヤリングを付けたり、腹部にコルセットを着け、服を着飾るならば、先の先生たちは人体生理学を持ち出して非難するだろう。「まったく文明の遅れている国民であることもはなはだしい。体に無理していることもわからず、自然に従うことが体に一番良いとわかっていないのである。そればかりか、身体の一部を傷つけて耳に荷物をぶらさげ、女性の体において最も大切な部分である腹部を締めあげ、蜂の腰のようにくびらせ、妊娠の機能を妨げ、分娩・出産の危険を増している。その災いたるや家族の不幸のみならず、国家の人口問題に悪影響を起こす大問題である」と。

西洋人は家にカギをかけることは少なくて、旅行中の荷物にもしっかりとしたカギをつけないことが多いけれども、物を盗まれることは少ない。また、大工や左官などに建物の建築を依頼しても詳しい契約書を作ることはしないが、後日そのために訴訟が起こることはめったにない。これに対し、日本人は家の中の部屋ごとにカギをかけるし、身の回りに置いてある手箱にまでカギをかける。建築の請負は一字一句を争いながら契約書を作成している。しかし、物はよく盗まれ、訴訟は多く起こされる。これを見た文明開化の先生は嘆いて論じる。

「キリスト教のありがたい教えであることよ。日本人は泥棒と同居しているようなものである。西洋諸国の自由で正直な風俗習慣と比較することはできない。キリスト教の国々は道徳がよく拡められている」と。

他にも、日本人が紙タバコを噛み、葉巻タバコを吸うのに対し、西洋人がキセルを使えば、「日本人は器械を作る技術に乏しく、いまだにキセルを発明できていない」と言うだろう。日本人が靴を履いて西洋人が下駄を履けば、「日本人は足の指の機能を知らない」と言うだろう。味噌も西洋の食品であれば、今のようにバカにすることはないだろう。豆腐が西洋人のテーブルに載せられていればさらに評価は高いはずだ。鰻のかば焼きや茶碗むしなどに至れば、世界一のおいしさよ、と評判になるにちがいない。これらの例を挙げていくときりがない。

話を宗教に変えてみよう。四百年前に親鸞が西洋に生まれ、日本にはマルチン・ルターが生まれたとしよう。親鸞は西洋における仏教を改革し浄土真宗を拡め、ルターは日本のローマ教会に敵対して宗教改革を進めプロテスタントの教えを開いたとしたら、文明開化の先生たちはこう言うだろう。

「宗教の大目的は、衆生済度《しゅじょうさいど》（人々を迷いから救ってあげること）にあって人を殺すことではない。西洋の親鸞はこの宗教の目的をよく体現し、野に伏し、石を枕にし、艱難辛苦《かんなんしんく》に耐え、生涯をかけて西洋の宗教を改革した。今日では西洋人の大半が浄土真宗を信じている。また、親鸞の死後においても、門徒は他宗教の人を殺したりすることはなく、殺されることもない。これこそ親鸞の教えが人々によく伝わったためである。

他方、日本の事情を見てみると、ルターがローマのカソリック教会派に敵対したといっても、ローマのカソリック教徒たちはこれに服することなく、カソリックは虎のようであり、プロテスタントは狼のようであり、それぞれが戦いあって流血の惨事をくりひろげてきた。ルターの死後も、宗教上の争いのため多くの日本人が殺され、日本の国家財政を費やして戦争を起こし、国を滅ぼしたりしている。こうした悲惨さは筆舌に尽くしがたいものがある。精神が殺伐とし野蛮な日本人は、人を救うはずの宗教をもって生きている人を苦しめ、『汝《なんじ》の敵を愛せよ』という敵を愛するはずの宗旨にもかかわらず、罪のない人々を殺しているのである。これを見ると、ルターの新教はいまだ日本人の半ばを教化しているとは言えないであろう。

日本人と西洋の宗教の事情はこのようにも違っている。私は、このことに疑問を持ってからずいぶん時間がたっているが、まだその正しい原因をわかっていない。密かに思うのは、日本のキリスト教も西洋の仏教も本質的には同じかもしれないが、野蛮の国の宗教は自然のうちに人々を殺伐とした気持ちにさせ、文明の開けた国の宗教は自然のうちに温厚な気持ちにさせていくものなのだろうか。それとも日本のキリスト教と西洋の仏教は、その元の本質が違っているためにこうなるのだろうか。あるいは、改革の始祖とも言うべき日本のルターと西洋の親鸞とは、人としての徳の点で優劣があるのだろうか。

以上をみだりに私のような浅い見識で結論づけてはならないだろう。後世の優れた学者たちの検証を期待したい」と。

以上のような日本と西洋を逆転させたたとえでもわかるように、今の改革、進歩主義者たちが日本の旧習を嫌い、拒絶し、西洋のものを何でも信じようとするのは、まったく軽率なことだと言わなければならない。

日本の旧習を信じてきたのと同じように西洋の新しいものを信じ、西洋文明を崇拝するのは、朝寝坊の悪癖を真似るというような顰蹙《ひんしゅく》すべきことなのである。

もっとひどいのになると、西洋文明の中にまだ新しいものを見出す前に昔からのものを捨ててしまって、自分の精神を空虚なものとしてしまい、ついには発狂する者もいるようだ。同情するに値しないことである。医師の話によると、近年、こうして神経症や精神病にかかる人が多いというのだ。

西洋の文明に憧れ、学ぶのはよいことだ。しかし、これに学ぶとしても、まだよくわかってもいないのに信じるようであれば、信じない方がまだよいと言える。

西洋の社会の豊かさと軍隊の強さは、まことにうらやましいけれど、国民の中に存在している貧富の格差の弊害まで真似ることがあってはいけない。日本の税金は軽くはないが、イギリスの小作人が地主に虐待されている苦痛に比べるとわが国の農民の方がずいぶん楽だろう。西洋の国々における女性尊重の習慣は世界の中でもすばらしい美風と言えるが、ひどい妻が人の良い夫を苦しめたり、まともでない娘が父母を軽蔑したり非行に走ったりするようなことまで真似してはいけない。

こうして、今の日本で行われていることが正しいものかどうかは、よく検討する必要があろう。会社法は今のままでよいのか。政府の体制はこれでいいのか。教育制度はこれでよいのか。著作のあり方はこれでよいのか。さらには、自分たちの学問のやり方も今のままでよいのか。こうしたことを思うと疑問ばかりで、ほとんど暗中模索の状態であると言えよう。

この混乱の中にいて、日本と西洋のことをよく比較し、信じるべきものは信じ疑うべきものは疑い、取り入れるべきは取り入れ、捨てるべきは捨てるように、難しくても正しく判断していかなければならない。

この責任を果たせる人間は他にはいない。ただ私たちだけである。だから、学生は勉学に励まなくてはいけないのだ。学ぶしかないのだ。

多くの書物を読み、多くの経験を積みつつ謙虚に、冷静に正しい目を養い、そして真実の追究をしていくのである。そうすれば信じるべきことと疑うべきことの正しい判断力がつき、昨日の信じていたことが、今日は疑問となっていき、今日の疑問は、明日氷解していくこともあるだろう。

正しい判断力をつけるために、学生はさらに学ばなければならないのである。

信じることと疑うこと

何を信じ、何を信じないか
選択する能力が必要

●ただ西洋の真似をすればいいというものでもない
●西洋の習慣を日本に移そうするときは
その性質をよく見極めてはんだんしていかなくてはならない

学問の要は
選択のための智恵を身につけること

本物とニセ物を見分ける法はいくつかあるだろう。

ここで福沢諭吉は、私たちが学問をするのは、信じていいものと疑っていいものを見分ける力をつけるためだと説いている。なぜこちらがよいのかを信じるのに、その根拠、理由もよく問わずに、ある表面的なことを基準にしてしまう人が日本人に多いことを指摘している。

例えば「西洋ではこうなっている」とか「アメリカのハーバード大学の某教授はこう言っている」とか「フランスの有名レストランのシェフが勧めるワインだから間違いない」とか「中国古来の秘伝であるから」とか「韓国伝統のものだから」とか「東大の偉い先生の説だから」とか「聖書にこうあるから」とか「論語にこういう教えがあるから」とか、いろいろである。中味を問うよりも形や名を根拠にする欠点が、今の日本人にも引き継がれているように思えてしかたない。本編を読むと、諭吉は実に痛快にそのバカげていることを教えてくれる。

先にニセ物と本物の見分け方と書いたが、私はこういう〝開化先生〟のようなタイプはほとんどニセ物の人たちと見ている。

私の師にあたる先生が、ある主義を信奉している政党の代表と対談したことがある。東京大学を最優秀の成績で卒業したというこの人物は、自分の主義主張の本家本元の思想家の名を出し、その結論をよく根拠に演説をする。しかし、その教えの根拠である書をろくに読んでいなかったのである。昭和のマスコミがヒットラーやムッソリーニのファシストを信じ、日独伊三国同盟を叫び、鬼畜米英を唱え、それを煽っていたのも同じである。ヒットラーの実際の政策、外交手法など研究していなかった。幕末における攘夷か開国かの騒ぎのときもそうである。攘夷するかどうかの西洋の国々の実態は、諭吉の『西洋事情』のみが頼りであった。

では、どうすれば信じてよいものと疑うべきものを見分ける力がつくのか。

その答えは『学問のすすめ』の中にある。

「多くの書物を読み、多くの経験を積みつつ、謙虚に、冷静に正しい目を養い、そして真実の追求をしていくのである」。この姿勢を持ち続けるということである。

なお、ついでに本物とニセ物を見分ける法を付け加えるならば、難解で読んでもよくわからない文章で書いてあることは本物でないことが多いと言える。また、暗くて心が沈んでしまうような雰囲気のものものもニセ物が多い。これは文章にも言える。明るく明朗なものがいい。そして、やはり愛、思いやり、誠実さといった人間の美点を忘れていない立場の人や物は本物と言えよう。大体、福沢の考え方は、本物とは何かを考えるよい手本となると言っていい。

Column

ウナギと茶碗むし

『学問のすすめ』の中に鰻のかば焼きや茶碗むしが世界一のおいしさよ、と書いてあるを読むたびに、私はニヤニヤしてしまう。

そう、私もこの二つが大好物なのである。

鰻が好物な日本人は多いだろうが、福沢諭吉の伝統だろうか、その後の慶應義塾の偉い先生方も好物のようである（小泉信三、江藤淳など）。

福沢諭吉が二度目のアメリカ訪問から帰る船の中で、横浜に着いたら食べるぞと夢見た料理がある。これは日記帳の裏表紙に書いてあったという。

「すずきか黒鯛の潮汁と刺身、鯛の煮付、酢の物、茶碗むし（鰻入り）、わさび花かつお節、ほうれんそうのおひたし、枝豆、お新香各種、鰻、ご飯」である（以上、阿川弘之『食味風々録』新潮社、参照）。

食べ物の好みというのは死ぬまで、子供のころと若いころの食事がかなり大きな影響を与えると思う。私自身、子供のころから祖母がつくってくれた大きな茶碗むし（どんぶりむしと言った方がいい）が大好物である。

私は福沢諭吉のように鰻入りのものよりも穴子入りの方が好きである。祖母はこれに丸もちを入れてくれたりした。これがまたおいしかった。東京に来て長崎本店の吉宗（よっそう）という老舗の支店を見つけ、「おお、これだ」と喜んだものだ（茶碗がとても大きい、穴子が入っている）。

九州中津の福沢家も大きな茶碗むしをつくっていたのだろうか。長崎留学の時、吉宗の店でも食べたのであろうか。知りたいものだと思う。

第十六章　十六編

（明治九年八月 出版）

――志を高く持ち、目の前のことから始めて、それに近づけていけ――

1　お金に支配されると精神の独立はできなくなる。

「不羈《ふき》独立（何ものにも束縛されることなく独立していること）」という言葉は、近頃世間でよく聞くようになった。しかし世間ではその言葉の意味を間違えていることも多いようだ。だから、それぞれがこの言葉の意味を正しく理解してほしい。

「独立」には二つのものがある。一つは有形のものであり、もう一つは無形のものである。わかりやすく言うと物についての独立と、精神についての独立である。物についての独立とは世間の人たちがそれぞれに家庭を持ち、それぞれに仕事に勤めて、他人の世話や厄介にならないで自分と家族の生活ができるということである。ひと口で言うと人から物を貰わないということである。

このように、有形の独立は目に見えるものであるからわかりやすいが、無形の精神の独立の意味は深いものがあり、また関係することも広くあって誤解しやすい。独立と関係のないように思えることでも、実は関係していることがあるからである。

身近な一例を挙げて説明してみよう。

「一杯、人、酒を呑み、三杯、酒、人を呑む」という諺がある。この諺の意味するところは、酒を呑みたいという欲が人の心を支配してしまい、心の独立を妨げてしまうということである。今日、世の中を見渡してみると、心を支配してしまうのは酒だけではなく、種々様々なものがある。

この着物には似合わないと言っては新しい羽織をつくり、この衣服に合わないと言っては新しいタバコ入れを買う。衣服が揃うと家の狭さを不自由だと言い、家を新築すると落成祝いの宴席を開かなければ不都合だと言い、鰻を食べれば次は西洋料理を食べたいと言い出し、西洋料理の次は金の時計が欲しいとなり、こうして一から十にまで進み、さらに一つずつ進んでいってきりがない。

こういうのを見ると、一家の中には主人がなく、自分の中には精神がなく、物が人を支配して次々とさらに物を欲しくさせていくようだ。一家の主人は物に支配された奴隷と言ってよいであろう。

もっとひどい例もある。

前の例は、物による支配を受けた者とはいっても自分の家の物であって、自分と自分の家の中で奴隷となっているだけだが、他人の物に支配される者もある。

あの人がこの洋服をつくったから自分もこれをつくると言い、隣りの家が二階建ての家をつくったから私は三階建ての家をつくると言う。友だちの持つ品物が自分の買い物の見本となり、同僚の噂ばなしが自分の注文書の下敷きとなるのである。

色の黒い大きな男が、節くれだった指に金の指輪には似合わないと自分でわかっているのに、これも西洋人の風習だからと言ってお金を奮発したりする。暑さの厳しい時に風呂あがりは浴衣にうちわだと思っていながら、これも西洋人の真似をしなければと無理して我慢し、長袖の寝間着《ねまき》で汗をかいている。ひたすら他人の好みと同じでなければならないと心配しているのである。

ただ、他人の好みと同じにしようというのはまだいい。笑うべきほどひどいのになると、他人の物を間違って見てしまう場合である。

隣りの細君が高価な絹の着物に純金のかんざしをしていると聞いて心を悩まして、急いで同じものを注文したりする。その後にわかったことは、隣りの家の着物は安い綿の着物で、かんざしはメッキだったとか。

ここまでくると、自分の精神を支配しているものは自分の物でも他人の物でもなく、煙のような夢の中の妄想であり、自分の家の中も妄想の行き来に使われているようなものである。これでは精神の独立からはほど遠いと言わざるを得ない。

自分自身と精神の独立との距離がどれくらいあるのかは、一人ひとりが自分で測らなくてはならない。こうして余計なものに心を奪われてしまっている中での生活は心身を疲れさせ、年に千円の収入も月に百円の月給も使い果たしてしまい、不幸にして収入の道を失ったり月給を貰えなくなったりするともはや気が抜けてしまい、間抜けのようになる。家に残るのは役に立たない品物ばかりである。身に残るものはぜいたくの習慣ばかりで、哀れというよりも愚かと言うしかない。

一身の独立の基礎であるといって心身に苦労を重ねて財産をつくっても、その財産をどう使うかでかえって心を支配されて、独立の精神を失うことは、まさに独立を求めるための術が独立を失う術となるということである。

私は、守銭奴になることをすすめているのではない。ただ、お金の使い方を工夫し、お金を支配してお金に支配されるな、けっして精神の独立を失ってはならないことを言いたいのである。

精神の独立

独立

①物についての独立
②精神の独立

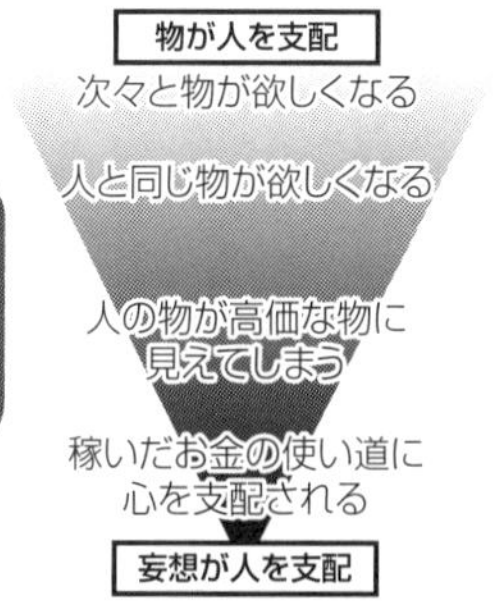
物が人を支配
次々と物が欲しくなる
人と同じ物が欲しくなる
人の物が高価な物に見えてしまう
稼いだお金の使い道に心を支配される
妄想が人を支配

**自分自身の精神が
どれだけ独立しているかは
自分で測らなくてはならない**

2 心の中の思いを高く持ち、目の前のできることから始めていく。

理論と実践は両方が適切に行われなければならないと、皆、人は言う。ところが、このことさえも理論で終わって実際に行っている人はほとんどいない。

そもそも理論とは、心に思うことを言葉にして文章にするものである。これがまだ言葉と文章に表現されていないのはその人の心の中での思いであり、その人の志と言える。理論というのは自分の外界の物とはかかわりのないことである。自分の心の内にあるものであるからまったく自由で、何の制限もないのである。

実践とは心に思うことを外に表し、自分の外界の物に接して働きかけることである。だから実践には必ず制限がある。

なぜなら外界の物に接することから当然外界の物による制約が生まれて、まったくの自由ということはあり得なくなるからである。昔の人は、両者を区別して「言と行」とか「志と功」と言った。また、今日世間で言うところの「説と働き」というのも同じである。

「言行の不一致」とは理論と実践が違っていることである。「功に食《は》ましめて志に食《は》ましめず」とは、実際の仕事の結果次第で報酬を与えるが、その心の中に何と思っても実践のない人に対して、たとえ思っていることがどんなに立派であろうとも報酬は与えられないことをいう。世間でも、「言うことだけは立派だが、やったためしがない」と言って、こうした人を軽蔑したりすることがある。いずれも理論と実践が合っていないことを批判したものである。このように理論と実践は、少しも齟齬《そご》することなく、正しく一致させなくてはいけないのである。

ここで初学者の人たちの理解を助けるために、「人の心の中の思い」と「活動」の二つの面から、これらが互いに助け合って一致することで人間に有益なものをもたらし、不一致が弊害をもたらすことを見てみたい。

第一　人の活動には大小、軽重がある。

芝居も人の活動であるし、学問も人の活動である。人力車を引くのも、蒸気船を運航するのも、鍬《くわ》をとって農業をするのも、筆をふるって著述をするのも同じく人の活動である。しかし、役者はいやだと思って学者になったり、人力車の仲間には入らずに航海術を学んだり、農業の仕事では満足できないと物書きの仕事に就いたりするのはどうしてだろうか。それは、活動の大小や軽重を識別して、軽・小を捨てて重・大を選んだ結果である。これは人間としてすばらしいことと言える。

では、こうした識別と選択をさせたものは何だろうか。

それは本人の心であり、志である。このような心や志の高い人のことを「心事高尚《しんじこうしょう》なる人物（心を高めている人、志ある人、向上心ある人）」という。

だから、人の心の中の思いは高いものでなくてはならない。心の中の思いが高くなければ、人生における活動も高まってはいかないのである。

第二　人の活動にはその難易とは別に、役立つという点での大・小がある。

例えば囲碁や将棋などは奥が深くて、上を目指すには大変な研究をしなくてはいけない。その難しさは天文、地理、機械、数学などの学問と変わるところはない。

しかし、社会に役立つことの大きさで言うと、同じではないこと明らかである。人の活動における有用と無用をしっかりと見分け、有用と言える活動を選んでいくのは、心の中の思いが高い人である。

このように心の中の目標や理想を高く持っていないと、人の活動も無駄なものが多くなり、有益な結果を得られなくなると言えよう。

第三　人の活動には規則が必要である。また、活動する時と場所も考えなくてはいけない。

例えば道徳を説く話はありがたいと言えるが、楽しい宴会の時に突然、道徳を説かれても人に笑われるだけである。学生の激論も時にはおもしろいものではあるが、親戚や子供や女性たちがくつろいで雑談を楽しんでいるときにやられると、気が狂っている人としか見られないだろう。

こうした場所柄や時節柄をよくわきまえて、自分で規則をつくっておくことができるのも心の中がしっかりとしている人である。活動の面だけが活発で心の中がしっかりとせず、確かな智恵もない人は、蒸気機関車に機関がなく船に舵がないようなものだ。役立たないどころか害を及ぼすことの方が多いと言える。

第四　前までに述べたことは人の活動であるが、心の中の思いや考えがそこまで届いていないことによる弊害についてであった。

しかし、心の中の思いや理想が高すぎるばかりで、現実の活動がなされていないのもまた、とても困ったものである。

心の中の理想が高いばかりで活動に乏しい人は、いつも不平を抱いていなければならなくなる。世の中を見渡して自分の心の中に描いた理想の仕事を探そうとするとき、自分の力でできる仕事はすべて、それより以下のものであって、それはいやだと言う。しかし自分の理想を実現するには、自分の現実の力が伴わないので難しい。

こうなると、人は責任を自分に求めず他人のせいにしたり、時代がまだ合わないとか、天命が至っていないとか言ったりする。そして、この世において自分のやるべき仕事がないかのように思い込み、ただ一人で思い悩むのである。恨みごとを口にし、不平を顔に出し、自分以外は敵で世の中の人はみんな不親切な者ばかりだと思うようになる。これでは人にお金を貸してもいないのに、返金の遅いのを恨むようなものではないか。

儒学者は自分を認めてくれる者がいないのを憂い、学生は自分を援助してくれる者がいないのを憂い、役人は出世の手がかりがないのを憂い、商売人は店が繁盛しないのを憂い、廃藩となった士族は生計の道がないのを憂い、役のついていない華族は自分を尊敬する者がいないのを憂い、どこもかしこも憂いばかりで楽しむというのがないようになるのだ。

今の世は、このような不平が多すぎる。

その証拠に、世間に出て、よく人の顔を見てみるといい。言葉や表情が活発で、心の中の喜び、楽しみが外に溢れているような人はめったに見ることはできない。私の経験でも、いつも憂いている顔を見るだけで、喜んでいる姿を見たことがない。その憂いている顔を借りて不幸の見舞いに行けばちょうどよさそうである。何と気の毒なことか。

もしこれらの人たちが、自分のできる活動に応じて仕事に励めば、だんだんと活発な活動が楽しくなり、次第に仕事が進んでいって、ついには心の中の思いや理想と活動が一致することにもなるだろう。ただ、まだこれに気づいていないのである。

したがって、いつまでたっても現実の活動は一であるのに心の中の理想は十であり、一にて十を望み十にて百を求め、これがため理想を現実のものとできないため、ただ憂いて不平を言うのである。これは石の地蔵に飛脚の魂を入れたようなものであり、中風の患者の神経をさらに鋭敏にするようなものである。この不平、不満の程がわかるであろう。

また、心の中の理想が高すぎて活動する力に乏しい者は、他人に嫌われて孤立することがある。

自分の活動と他人の活動を比較すると、とてもかなわない。しかし、自分の心の中の考えや理想で他人の活動を見ると、とてもまだ満足できるものではなく、自分の心の中でひそかに他人を軽蔑してしまうことになるのだ。

みだりに他人を軽蔑する者は、必ず他人からの軽蔑をまぬがれることはできないと言える。こうしてお互いに不平を抱きお互いに軽蔑し合っていると、ついには奇人、変人と馬鹿にされ、世間で相手にされなくなるだろう。

世の中には、傲慢ないばり屋のため嫌われている者、人に勝つことしか考えないために嫌われる者、人に多くのことを求めすぎて嫌われる者、人の悪口を言いすぎて嫌われる者がいる。いずれも皆、人との比較を間違えてしまっているのである。自分の心の中にある高い理想を基準にして人の活動を見て、評価し、その時に現実離れした想像を勝手につくって人に嫌われるきっかけとするのである。こうしてついに自分から人を避けるようになり、孤立無援の苦界に陥ってしまうのである。

そこで私は言いたい。

これからの若い人たちは、人の仕事を見て不満だったら自分でその仕事をやってみることだ。人の商売を見てやり方がまずいと思うのなら、自分でその商売をやってみることだ。隣りの家の生活がいいかげんと思うのなら、自分の家をきちんとしてみることだ。人の著作について批評したければ自分で本を書いてみることだ。学者を批評したければ学者になってみることだ。医者を批評したければ医者になってみることだ。

大きなことから小さなことまで他人の活動に口出ししようと思うのならば、自分がまずその活動をしてみて、自ら自分の姿をふり返ってみるとよい。

仕事の種類がまったく違うのであれば、その仕事の実際の内容を見て難易軽重を調べ、それでもって自分の仕事と他人の仕事を比較すると大きな誤りはないはずである。

理論と実践

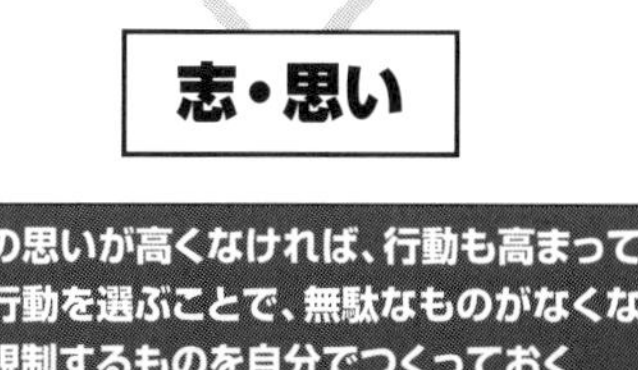

①心の中の思いが高くなければ、行動も高まっていかない
②有用な行動を選ぶことで、無駄なものがなくなる
③行動を規制するものを自分でつくっておく
④行動と理想のバランスをとる

できる人とできない人はどこが違うのか。あるいは、成功する人としない人はどこに差があるのか。今でもよく議論されるテーマである。その答えは『学問のすすめ』十六編にすぐ見つけることができる。

まず第一に、精神の独立をしっかり確立することである。自分という人間をしっかりとさせ、自分の人生をいかに生きていくかを自分で決め、自分の責任でそれを実践していくことである。この精神の独立ができていない者は、人の顔色をうかがい、他人の価値観に左右される。何が正しいことなのか、世の中どうあるべきかも自分で考えることもできない。すぐに群れをなし、その群れの向かうところについていくのみである。

近時のベストセラーの中に「ヤクザに学ぶ」とかいう本がいくつかあった。福沢諭吉が知るとあきれるだけだろう。ヤクザというのは、ただ集団の利益のみを追い、上の者の意見が絶対で、しかも社会のルールを無視するのが生き方の信条である。精神の独立に一番遠いところにあるのだ。これに学ぶものがあってはたまらない。

第二は、心の中を高めておくことである。志を持つとか、向上心を持つとか言われるのも、これである。自分の心を高めておくことで人は成長していけるし、世の中に役立つ人間となっていけるのである。

第三は、その心の思いに向けて、一つひとつ進んでいくことである。目の前のやるべきことに打ち込むのである。

このことは特に重要だと思う。夢や理想は高く持っているのに、何をやっていいかわからないから結局何もしないということになる人が多いからだ。福沢諭吉が指摘しているように、こういう人は他人を評価する目は厳しく持っている。だから概して若い人の見る目というのも正しい面がある。だから批判精神に富む。しかし行きすぎると自分の心の中の理想を基準にして自分自身の行動や生き方はさておき、他人を批判して、自己満足に陥ることになる。これが危険なのだ。つまり自分の進歩の成長をはからずに、文句、不平だけの人間となってしまう。こういう人がそのまま年をとってしまうと悲劇である。心の中の理想はとうに忘れてしまったうえに、他人や社会への文句、不平だけはなくなるどころか増大していくからだ。できる人、自分の思いを実現していく人、成功していく人というのは、心の中の思い、理想、志を失うことなく、目の前のやるべきことを一つひとつきちんとこなしていく。そうすることで誠実な心も他人を気遣う心も育っていく。つまらぬ不平、文句を言うよりも自分をますます高めていくのだ。

Column

日本人を動かすもの

日本人を動かすものは何か。

それは「空気」であると言ったのは山本七平であった。

空気とは、その場を支配するムード、雰囲気のようなものである。

だから明確な基準ではない。そして、この空気は刻々と変化していくため、どこにあるのかを見定めるのが一つの能力として尊重されてきた。これを読めない者は“変わり者”であり、“困った奴”なのである。

この前の戦争に国民が巻き込まれたのも社会の空気だし、戦後すぐにマルクス主義が広まり、学者もマスコミも学生もみんな強い影響を受けていたのも社会の空気である。

現在の学校や社会でのいじめも空気に合わない者を排除しようという国民気質が一つの原因ではないか。

日本人の身につけている物、ヘアースタイル、よく見るテレビ番組も人に合わせているところがある。話についていけないことが恐いのである。

この空気に支配される原因は何か。

それは、福沢諭吉が分析したように、精神の独立が確立していないからであろう。

精神の独立ができていないために、心を、物や人の行動や、よくわからない妄想のようなものに支配されてしまうのであろう。他人の、特に近くの人たちの言動に影響を受けてしまうのであろう。

精神の独立こそが、社会がおかしな方向に行ってしまわないための出発点である。また、自分という人間を自分で動かすための基礎力となる。

第十七章　十七編

（明治九年十一月出版）

―人望ある人になれ―

1 自分の正しい評価、人望を求めていく。

十人が見ても百人が見ても「あの人はしっかりしている人である。頼もしい人である。この仕事を任せても必ずやり遂げてくれるであろう」と、その人柄を信用され、世間から頼られている人を人望のある人と言う。

人間社会においては、人望の大小・軽重はあるが、普段から人に当てにされるような者でなければ何の役にも立たない人間と言うしかない。

小さいところでは、十銭のお金を持たされて町に使いに行く者は、十銭についての人望はあって、十銭までは人にあてにされているということである。

十銭より一円、一円より千円、一万円、ついには何百万円の元金が集められた銀行の支配人のように、金額が大きくなるにつれ人望が大きくなっていくことになると言える。また、政府の各大臣や県知事ともなると、お金を預かるのみならず、国民生活の便利さや豊かさをはかることや国民の名誉を守ることなども任されている。こうした大きな仕事は、日頃から人望があって人にあてにされていなければとてもやれるものではない。

人をあてにしないというのは、その人を疑っているということである。人を疑えばきりがない。目付（主に武士を監視する者のことを言う）を監視するための目付を置いて、監察を監察するための監察を任命し、結局何の取り締まりにもならなかったというおかしな話はいくらでもある。

三井や大丸の店の品は正札《しょうふだ》どおりで大丈夫、信用できるから、とお客は商品をよく調べもせずに買う。滝沢馬琴の作品であれば必ずおもしろいからといって、読者は本の題名だけで注文する。こうして三井、大丸の店はますます繁盛し、馬琴の本はますます流行する。人望を得ることの大切さがこれでもわかるだろう。

六十キロの重さの物を持てる者に六十キロの物を持たせ、千円の財産があるものに千円のお金を貸すのは人望や信用には関係がない。当然のことと言っていい。しかし、世の中における人間関係というのはこのように単純なものではない。三十キロの重さの物しか持てない者でも座ったままで数百キロの重さの荷物を動かすことができるし、千円の財産もない者も数十万円のお金が運用できるのである。

今、試しに富豪と評判のある商人の帳簿を覗き、現在の収支決算をしてみたら数百円の赤字になったとしよう。この赤字は財産として見ればゼロよりマイナスであるから、無一文の乞食よりも数百円も貧乏ということになる。しかし世間の人はこの商人をそのように見ない。それはなぜか。言うまでもなくこの商人には人望、信用があるからである。

このように、人望というものは力の強さによって得られるものではなく、また、財産があるからといって得られるものでもない。その人の活発な才能と智恵、そして正直な心、誠実さなどがだんだん身について得られるものなのである。

人望は智恵と徳があって得られることは当然である。しかし昔も今も、世間ではその反対の事例をよく見かける。

例えば下手くそなヤブ医者でありながら、玄関を立派に見せて繁盛させたりしている。薬局が派手な金看板を作って宣伝して、薬をたくさん売ったりする。山師（他人を騙して稼ごうとする者）は帳場で、中に何も入っていない豪華な金庫を見せびらかす。学者の書斎には読めもしない原書が飾ってある。人の見ている所では難しいものを読んでいるふりをしているが、家に帰ると寝るだけの者、日曜日に教会に行き涙を流す者が、月曜日に夫婦喧嘩をする。

この広い世の中、正しいものと偽りのものが入り乱れ、善と悪が混じり合い、どれが真実なのかよくわからない。ひどいのになると、人望のある人だと見られているのに、実際は智恵も徳もない人間だったということもある。

このためか、見識の高い人のなかには「世間に栄誉を求めない。それは虚名（見せかけの名誉）にすぎないではないか」と言う人もある。これも無理のないことである。見識のある人間の一つの生き方としては立派であると言えるかもしれない。しかし、たくさんある世の中のものの中から極端な面だけを見て批判するのはどうだろうか。それも問題だ。

世間の栄誉など求めないというのは、たしかに聞こえはいい。しかし、求めるとか求めないとかいう栄誉（人望や名誉）の本質を知らなくては何も言えないはずである。栄誉がヤブ医者の立派な玄関や、薬局の派手な金看板のような虚名であって、嘘やインチキのものであれば、それが不要なこと当然である。しかし、社会における人間関係のすべてが嘘やインチキの虚名で成り立っているわけではないだろう。

人の智恵や徳はまさに花樹（花の咲く樹木）のようなものであり、栄誉、人望はそこに咲く花なのである。花樹を培養し、花を咲かせるのをなぜ無理して避けるのか。栄誉や人望の本質を見ずして一概にこれを避けるのは、花を咲かせないようにして樹木の価値自体を隠してしまうことと同じである。

価値を隠すことは社会にとっては良いことではないだろう。むしろ世の中にとっての損失となると言える。なぜなら生きて役立つものを死なせてしまうことになるからである。

では、栄誉、人望は、これを自分から求めていくべきものなのだろうか。

その通りだ。努力して求めるべきである。

ただその求める栄誉、人望というのは、自分に適した評価であることが大切である。自分の努力、働きで世間の人望を得ることは、米屋がコメを量り売りするのと同じである。ずる賢い米屋は一斗（一升の十倍、一合の百倍）のコメを一斗三合にはかり、要領の悪い米屋は一斗のコメを九升七合とはかってしまって売る。私の言う自分への正しい評価というのは一斗のコメを一斗と正しくはかることである。

商人たちの枡によるはかり方には確かに上手い下手があるが、それによって生じる差は二、三分（二、三パーセント）である。しかし、人の才能や徳についてのはかり方、評価の仕方による差は三分（三パーセント）どころではない。上手くやる者は正しい評価の二倍も三倍も上の評価を得る。下手な者は正しい評価の半分も得ることができない。

自分の評価に対して上手く立ち回り、あまりにも高すぎる評価を得る者は、世間の大きな弊害であり、論外の人間と言えよう。

人望

普段から人に当てにされるような人でなければ何の役にも立たない

人望があれば

- **座ったままで数百キロの荷物を動かせる**
- **千円の財産で数十万円のお金が運用できる**

人望を得るには

× 力の強さ・財産

◎ 活発な才能と智恵・正直な心・誠実さ

人望は自分から求めるべきか

善悪乱れているためか
世間に栄誉を求めないという人もいる

人望・栄誉は社会の価値
これを隠すことは世の中の損失

実力に合った評価を求めるべきである

2 人望を得るために大切なこと。

そこで、次に自分の評価を正しく得ようという人のために論じていきたい。

孔子は言った。「君子は人の己《おのれ》を知らざるを憂《うれ》えず、人を知らざるを憂《うれ》う（才能と徳のある立派な人物は、他人が自分を評価してくれないことを心配するべきでない。自分が他人の優れているところを知らずにいることを心配するものだ）」と。

この教えは孔子の時代に流行していた、悪い風潮を良くしていきたいと述べられたものだった。しかし後世の怠慢で愚かな儒学者たちは、この言葉をそのまま大事に鵜呑みにするだけであった。そこで、ただ引っ込み思案でありさえすればいいと思ったためか、ついにはしゃべることもしない、顔にはまったく表情を出さない、笑うことも泣くこともしないような木の切れっ端のような人間が奥ゆかしくて立派な先生であるというようになったのだ。これこそ人間世界の奇談であろう。

私たちはこのような卑しき習慣から早く脱して、活発な人間社会に交わり、多くの事物といろいろな人物と出会い、人もよく知り、自分もよく知られるようにしなければならないのである。

では、自分に備わった資質と力を存分に発揮させて、自分を活かし、世の中の役に立つにはどうすればよいだろうか。

第一　まず言葉をよく学ばなくてはいけない。

文字を書いて自分の意志や考えていることを伝えるのは大切なことである。手紙を書いたり本を著述することもおろそかにしてはいけない。

さらに、相手に面と向かい合って、すぐに自分の思っていることをわかってもらうためには、言葉を使って話すほど有効なものはない。だから言葉はなるべく流暢に、しかも生き生きと話すが良い。最近、演説会がよく催されている。そこでは講師の有益な話を聞くことも大事だが、それとともに流暢で生き生きとした話し方を学ぶことも必要である。講演者自身も他の講演者から学ぶとよいだろう。

話の下手な人はまず、語彙《ごい》がとても少ないのがわかる。

例えば学校の教師が翻訳書の講義をするとき、「円《まる》き水晶の玉」とあると、わかりきったことだと思うのか、何の説明も加えずただ、「円《まる》き水晶の玉」と言って、生徒をにらみつけるのである。

この教師がもっと言葉を知っていて、表現の仕方もうまければ「円《まる》きとは角のとれたダンゴのようなこと。水晶とは山から掘り出すガラスのような石で、山梨県でたくさん出ます。この水晶でつくったダンゴのような円い玉のことです」と説明したらどうだろうか。生徒もよくわかるはずである。こういう言葉の使い方を知らないで不自由しているのは、演説における話し方を学んでいないからである。

学生の中には、日本語は便利な言葉ではないので英語を話し、英文を書いたほうがいい、などとバカなことを言うのがいる。こういう学生は、日本に生まれてはいるがいまだに十分な日本語を使えない者にちがいない。

言葉というのは国の文明の進歩に合わせて発展していくものである。不自由なはずがない。現代の日本人は現代の日本語を十分に身につけて、話し方が上手くなるように努力すべきである。

第二　明るく元気な顔をすることが大切である。見た途端に相手から嫌われるようなことがあってはいけない。

肩をいからせて相手を威圧したり、へつらい笑いをして近寄ったり、相手に気に入られようと、心にもない言葉や態度を見せたりする太鼓持ちのようにお世辞を言うのは嫌われる原因となる。また、ニガ虫を潰したような顔で何を言っても無表情、一年中胸の痛みを心配しているような顔、いつも父母の葬式に出ているような顔などは最も嫌われるであろう。

顔や雰囲気が明るく、活発で人に与える印象が良いというのも、人としての徳の表れと言ってよい。これは人間関係でも重要なことである。

人の顔は家でいえば玄関のようなものである。人と広くつき合うには、門戸を開いて入り口を綺麗に清掃し、人が入ってきやすいようにしなければならない。しかし、人と広く交際しようと思っているのに、顔の表情を良くすることに気を使わないのは、入り口に骸骨をぶら下げ、門の前に棺桶を置いているようなものである。これでは誰も近づくはずがない。

世界中でフランスは文明の源と言い、知識・文化の中心と言われている。その理由はフランス人の行動が活発、元気で、話し方も顔つきも親しみやすく、つき合いやすいことにもあるにちがいない。

ある人は言うかもしれない。「言葉使いや顔つきは生まれつきのものであって、努力して良くなるものではない。だからこれを論じるのは無駄である」と。

この意見はもっとものようにも聞こえるが、人の智恵の発育の原理を知れば間違いであることがわかる。およそ人の心や精神はどんどん成長していくものである。これは身体を鍛えれば筋肉が強くなるのと同じである。言葉使いや顔つきも人の心身の働きであるから、上達しないわけがないのだ。

こうしてみると、昔から日本人の習慣として、大事な心身の働きを無視して無口、無表情の態度を良しとしてきたのは大きな間違いであった。言葉使いや顔つき、そして態度を良くすることは、学問とまで言う必要はないけれども、人としての徳の一つとして常に心がけていきたいと思う。

また、別の人が言うかもしれない。「顔かたちを良くするとは、表面を飾るということだ。それで人間のつき合いが上手くいくというのなら、顔だけでなく衣服や食事も飾り、嫌な客も招待して分不相応のぜいたくな食事などすることになって、虚飾で人とつき合うという弊害が起きるようになるのではないか」と。

これも一理あるようだが、虚飾は人のつき合いにおける弊害であって、虚飾であることが人の交際における本質なのではない。世の中の弊害というのは大体、物事の本質に反しているものだ。孔子が言った。「過ぎたるはなお、及ばざるがごと如し（行きすぎも、足りないのと同じく良くない）」と。これは弊害と本質とが相反することを言ったものである。

例えば食物は身体を養うためにあるが、食べ過ぎは身体を悪くする。栄養は食物の本質であるが、食べ過ぎは弊害である。同じように、人間の交際も親しい中にも正直で飾りのないのが大切なのである。虚飾に走るのは本質ではない。

世の中では、夫婦・親子より親しい者はない。この親しさはどこから生まれるのか。それはただ、親しみの中に正直で飾らない真心があるためである。表面の虚飾を取り去り、すべてを取り去って正直になってこその親子・夫婦の親しさである。こうしてみると、人間の交際が上手くいくためには正直で飾りのない真心が必要で、虚飾は不要のものであると言えるだろう。

私は日本の国民が人との交際において、親子、夫婦のようになってほしくてその方向性を示しているである。

あの人は気軽な人、気のおけぬ人、遠慮のいらない人、さっぱりした人、男らしい人、感じのいい人、憎めない人、親切な人、あっさりした人、などと世間で言っているのは、家族の中のつき合いの様子を一般の人に当てはめたものである。仲が良い中に正直で飾らない人のことを表現しているのである。

第三　「道同《みちおな》じからざれば、相与《あいとも》に謀《はか》らず（志す道が同じでなければ、心から理解しあえる

つき合いはできない)」という孔子の教えがある。

世間ではこの教えを誤解してしまい、学者は学者、医者は医者とつき合えばよいと理解している。少しでも仕事が違ったら親しくできないと言うのである。同窓の友でも、学校を巣立った後に一人が商人になり一人が役人になれば、二人の関係は遠く離れてしまい、時には敵対することもあると言う。

とんでもないことである。何もわかってはいないのだ。

人と交わるには、古い友を忘れず新しい友を求めていかなくてはならない。人はお互いつき合ってみなければ、それぞれの意思が通じるはずもない。意思が通じなければ相手のことを知りようもない。

考えてみてほしい。偶然に会った人を生涯の親友と言えるだろうか。そんな簡単に友人ができるわけがない。十人会って一人の友人ができれば良いほうだ。すると二十人に会えば二人の友ができるかもしれない。

人を知り、人に知られるの始まりがここにある。

人望や栄誉・名誉などはさておいて、友人が多くいるというのは便利なことである。

昔、旅の途中で知り合った人と銀座の通りで偶然再会して、お互いが助かったということもある。今年贔屓《ひいき》にしている八百屋が来年、東北の宿屋で腹痛を起こしたときに偶然助けてくれるかもしれないではないか。世間に人が多いと言うけれども、人は鬼でもなく蛇《じゃ》でもない。自分に害を加える悪人はそういるものではない。だから恐れず、遠慮せず、正直に心の中を見せて、颯爽と交際すればいいのだ。

人の交際を広くするには心の中の働きをできるだけ活発にして、多芸、多能を心がけて一つのことにとらわれないようにして、多方面の人と接してみることが大切である。ある人とは学問のことでつき合い、ある人とは商売のことを通じてつき合う。その他にも書画の友、碁や将棋の友など、女遊び、放蕩などの悪事以外なら、友人と出会うことは交際を広げ、人生に役立つことである。

もし趣味のないものであっても、一緒に食事をしたりお茶を飲んだりすることで交際を広げればいいではないか。筋力に自信があるものなら腕相撲や枕引き（木の枕の端を指でつまんで引っ張り合う遊び）や足相撲（立て膝にして座り、お互いが一方の足をからませて倒しあう遊び）なども、座を盛り上げ、交際を広げるのに役立つかもしれない。

腕相撲と学問とは「道同じからず」して、「相与《あいとも》に謀《はか》る」ことができないようだけれども、世界は広く、人間の交際はいろいろあって複雑なのであるから、何がどうなるかはわからない。井戸の中で一生を暮らす数尾の鮒《ふな》とは事情が違うのだ。

人でありながら人を毛嫌いするようなことがあってはいけない。

世の中の役に立つ人間になるには

活発な人間社会に交わり
多くの事物、人物と出会い
人をよく知り、人にも知られるようになりたい

自分の資質と力を十分発揮して
自分を活かし
世の中の役に立つ人間になるには?

①言葉をよく学ぶ

- 言葉は文明の進歩に合わせて発展していく
- まず日本語をしっかり学ぶ

②明るく元気な顔をする

- 顔や雰囲気が明るく
  活発で人に与える印象がよいのは
  人としての徳の表れ
- 心や精神の成長に合わせて
  言葉使いや顔つきも変わる
- 本当の親しさは
  表面の飾りを取り去ることによって生まれる

③古い友を忘れず、新しい友を求めていく

- 十人会って一人の友だちができれば
  良いほう
- 多方面の人と接する
- 交際を広げることは人生に役立つ

福沢諭吉は、せっかくこの世に生まれてきた以上、自分の資質と力を思う存分に発揮し世の中のために役立てよ、と言う。そのために人望を得るにふさわしい人物になり、しかも、その正しい評価を世間で得なくてはいけないのだと強調している。ではどうするか。

第一に言葉をよく学ぶことである。人間の思考も行動も、そのすべての基礎には言葉があるからだ。この言葉をたくさん身につけなくてはいけない。そして、この身につけた多くの言葉を使い、話し方もうまくなるように努力しなければならない。

第二には、明るく元気でいることだ。特に顔の表情や態度、話し方、そして全体の雰囲気が明るく元気であってほしい。さらには、できるだけ飾ることのない正直な心で人とつき合うようにしたい。

第三に、いろいろな人と出会うことだ。会う人みんなが友人となれるわけではない。しかし、まずいろいろな人と出会ってみないといけない。人と出会うことで私たちは様々なことを学び、あるいは助けてもらうのである。福沢諭吉もそうであった。たくさんの本と出会い、たくさんの人と出会った。自分の生涯を決める本を選び、読み続け、自分を支え励ましてくれる師に出会った。人生は本との出会い、人との出会いで決まるのである。

Column

私と『学問のすすめ』

私が『学問のすすめ』を知ったのは中学生の時ではないだろうか。

小学生の高学年くらいから本が好きであることを自覚し始め、中学生になるとますます本を読むことに喜びを感じ始めた。

中学三年の時に中央公論社が日本の名著シリーズを刊行し始めた。新井白石と福沢諭吉をすぐ購入した。しかし、読んでもまったくと言っていいほど理解できなかった。

高校三年の冬、私は大学受験のためにはじめて真面目に試験勉強に取り組んでいた。それまでは自分の好きな読書とスポーツばかり熱心であった。

しかし、慣れない勉強に苛立ち、ついおもしろそうな、しかも自己満足できるような薄い本をその勉強の合間に読んだ。その一つが小泉信三の『福沢諭吉』(岩波新書)だった。新書の本といっても高度な内容で、やはり自分にはまだまだ力がないのだとわからせてくれた。それでも福沢諭吉、特に『学問のすすめ』の背景は何となく理解できた。そして岩波文庫版『学問のすすめ』を読み始めた。

何度読んでも奥深くて、私の力量が届かないのに悔しい思いをした。しかしその後、自分でも本を書くようになり、そこに何度も引用させてもらい、ベンジャミン・フランクリンやサミュエル・スマイルズを勉強するようになると、本当におもしろく読めるようになった。

今、私は、おもしろく、ためになる本とは、この『学問のすすめ』のことを言うのだと思っている。

■著者

福沢 諭吉　Yukichi Fukuzawa

1835 年 − 1901 年。明治時代の思想家で慶應義塾大学創設者。豊前中津藩（現在の大分県）の下級武士の子として生まれる。幕末期に視察団の一員としてアメリカやヨーロッパに渡り、見聞した西洋文明を著作を通じて啓蒙する。明治維新後は英国流憲法論を唱え、日刊新聞「時事新報」を創刊。『脱亜論』（中華思想や儒教精神から脱却して西洋文明をより積極的に受け入れる）を発表し、世論を先導した。複式簿記を日本に紹介し、借方、貸方という訳語も作る。主な著書に『西洋事情』『学問のすすめ』『文明論之概略』『福翁自伝』『瘦我慢の説』『丁丑公論』などがある。

■訳・解説者

ハイブロー武蔵　Highbrow Musashi

1954 年福岡県生まれ 。早稲田大学法学部卒業。海外ビジネスに携わった後 、数社の会社を経営し 、現在ビジネスエッセイストとして活躍中 。読書論、ビジネス論、人生論、人間関係論、成功法則論を主なテーマとしている。著書に『希望の星を見失うな！』『読書力』『読書道』『勉強人』『生きがいの読書』『いますぐ本を書こう』『失敗力』『天国への橋』『語り継ぎたい東洋の名言 88』（以上総合法令出版）『ツキを絶対につかむ行動法則 42』（大和書房）、共著に『40 歳からの飛躍力』『語り継ぎたい世界の名言 100』、訳書に『ガルシアへの手紙』『ローワン』『人生を幸せへと導く 13 の習慣』『若き商人への手紙』、編著に『ポチ·たまと読む 人を好きになる技術人に好かれる技術』『ポチ·たまと読む 思いを伝え 、心をつかむ技術』『ポチ·たまと読む ココロが成長する言葉の魔術』『ポチ·たまと読む 恋愛·結婚で最高の自分を引き出す方法』『ポチ·たまと読む なりたい自分になれる魔法の習慣』『ポチ·たまと読む 一流の仕事ができる人になる技術』『ポチ・たまと読む 自分を励ます技術 悩みを解決する技術』（以上総合法令出版）などがある。

通勤大学　図解・速習

学問のすすめ

2005年10月5日　初版発行

著　　者　福沢 諭吉
訳・解説　ハイブロー武蔵
装　　丁　トサカデザイン（戸倉 巌）
イラスト　藤江 俊治
発 行 者　仁部 亨
発 行 所　総合法令出版株式会社
〒107-0052　東京都港区赤坂1-9-15
日本自転車会館2号館7階
電話　03-3584-9821（代）
振替　00140-0-69059

印刷・製本　中央精版印刷株式会社

ISBN4-89346-919-3